너도 이와 같이 하라

너도 이와 같이 하라

김원균 · 우순애 지음

집 나온 아이들과 46년을 함께해 온
김원균·우순애 부부의
소년원 선교 이야기

좋은땅

너도 이와 같이 하라

1961년 나는 초등학교 5학년 때, 성탄절 행사로 '선한 사마리아 사람'이라는 성극에 참여했다. 강도를 만나서 죽어 가는 사람을 도와주고 보살피는 주인공 역이었다. 성극이 끝난 뒤 '가서 너도 이와 같이 하라'(눅10:37)는 예수님의 음성이 들렸다. 그날 이후 어려운 사람들을 돕고 섬기는 사람이 되어야겠다고 다짐했다.

신학교에 다니는 동안 공부보다 보육원, 유치장, 노방전도, 소년원선교에 열심을 냈다. 1978년 12월 1일 겨자씨선교회를 창립한 후 소년원생 선교에 주력했다. 어느덧 46년. 나는 여전히 소년원 아이들과 만나고 있다.

나는 16세에 아버지와 사별했다. 아버지가 돌아가신 후 너무 가난했던 가족들은 뿔뿔이 헤어졌다. 나는 학교에도 다닐 수 없었다. 배고픔을 겪으며 설움 많은 청소년기를 보냈다.

하나님 아버지께서 어려움에 처해 있는 청소년들을 이해하고 사랑할 수 있는 소년원선교 사역자로 적합하다고 여기신 것일까. 부모로부터 버림받거나 사회에서 소외된 청소년들, 한때의 철없는 행동으로 인해 철창에 갇혀 생활하는 소년원생들을 구원하는 일에 하나님은 나를 동역자로 삼아 주셨다. 서울소년원 선교를 시작으로 제주소년원까지 전국의 11개 기관에 교회를 세우고 사역자를 파송하고 지원했다. 또한 소년원 출원생 가운데 의지할 곳이 없는 형제들을 양육하는 신앙공동체 '겨자씨마을'을 세웠다. 약 580여 명의 청소년들이 우리 곁에서 머물다 갔다.

이 책은 전국의 소년원을 다니면서 소년원 안에 교회를 개척하고 선교사를 파송하고, 소년원생들과의 만남을 기록한 글이다. 수많은 소년원생과 함께하는 동안 하나님께선 필요적절하게 사람들을 보내 주셨다. 귀한 봉사자들과의 만남을 통해 많은 일들을 경험하게 하셨다. 이끌어 가시는 주님의 손길과 사람을 통한 하나님의 일하심을 생생하게 담아내고 싶었다. 특별히 예수님을 믿고 변화된 소년원생들의 멋진 모습을 보여 주고 싶었다. 한편으론 하나님께서 일으키신 영혼 구원의 역사를 미력한 필력으로 모두 담을 수 있을까 걱정이 앞섰다. 다만 가슴에 각별히 아로새겨진 사례를 사실적으로 쓰려고 노력했다. 소년원을 나왔으나 갈 곳이 없는 무의탁 소년들의 공동체인 겨자씨마을 이야기와 하나님의 부르심을 받고 사명자의 길을 걸어온 우리 부부와 함께 일하도록 불러 주신 여러 교회와 동역자들의 이야기를 기록했다.

글을 쓰면서 '죄인 하나가 회개하면 하늘에서는 회개할 것 없는 아흔아홉으로 인해 기뻐하는 것보다 더하리라.'는 말씀이 떠올랐다. 잃어버린 한 마리의 양을 찾아 헤매시는 주님의 사랑을 절실히 느꼈다. 하나님은 버림받은 영혼들을 사랑하시고 구원하시기를 기뻐하시는 분임을 더욱 깨달을 수 있었다. 나는 하나님께서 존귀하게 여기는 어린 영혼들이 왜 범죄를 저지르고 절망의 나락에 떨어져 고통을 받아야 하는지, 이의 근본적인 이유를 우리 모두가 알기 원한다. 부모 그리고 사회적 어른의 역할이 중요하다는 걸 다시 생각하는 계기가 되었으면 좋겠다. 바라기는, 소외된 이웃 중에서도 육체는 건강하지만 마음에 생채기가 난 청소년들에게 사회적 관심이 모아지기를 희망한다. 또한 곳곳에서 선한 사마리아 사람의 역할을 감당할 사람이 많이 나타나고, '가서 너도 이와 같이 하라'는 감동이 일렁일 때 즉각 행동할 수 있기를 기대한다.

하나님께서는 "여호와 그가 네 앞서 행하시며 너와 함께 하사 너를 떠나지 아니하시며 버리지 아니하시리니 너는 두려워하지 말라 놀라지 말라"(신31:8)는 말씀을 주시며 나에게 소년원선교를 맡기셨다고 생각한다. 주님이 주신 사명을 감당하는 동안 내가 실수해도 주님은 나를 떠나지 않으셨다. 심지어 내가 죄를 범했을 때도 주님은 나를 버리지 아니하시고, 오늘 이 자리에 오게 하셨다. 주의 그 사랑과 격려와 인도하심에 깊이 감사드린다.

너도 이와 같이 하라

또한 겨자씨선교회 동역자들의 아낌없는 협력과 회원들의 변함없는 사랑의 후원에 감사드린다. 오랜 세월 동안 어려운 일들이 수없이 많았지만, 그때마다 맡기신 사명을 수행할 수 있도록 짐을 함께 져 주셨음을 깊이 감사드린다. 겨자씨를 도왔던 수많은 교회와 후원 회원들, 소년원 현장에서 함께했던 동역자들, '소자에게 냉수한 그릇 주는 것도 기억하시고 상 주신다.' 하신 하나님께서 상 주실 것을 믿는다.

끝으로 사랑하는 아내 우순애 사모에게 천국에서 큰 상을 예비해 주시기를 기대하며 고마움을 전한다. 부족한 사람과 결혼한 결과 많은 불편과 가난과 어려움을 안겨 주었다. 그럼에도 단 한 마디 불평하지 않고 오히려 나를 격려하며 치켜세워 주었다. 노령에도 사랑과 기도로 겨자씨마을 아들들을 섬겼던 어머니 故 최월재 권사님과 사랑하는 아들 바울, 20대 초부터 소년원 사역을 함께했던 딸 한나에게 사랑을 전한다.

이 글은 아내와 함께 썼다. 나란히 선교의 길을 걸어왔기에, 맡은 역할에 맞게 나누어 정리했다.

글을 쓸 수 있도록 기회를 주시고 용기를 내게 해 주신 하나님의 은혜가 있었다. 환경과 여건도 한몫했다. 코로나 팬데믹 이후 소년원 사역이 활발치 않은 시기여서, 오히려 집중할 수 있었다. 하나님께서 우리의 수고를 기뻐하실 것 같다.

2024년 10월 23일 김원균

전국으로 번져 나간
소년원선교의 불길

'아버지이신 하나님(시68:5)은 가난하고 병든 자, 옥에 갇힌 자를 돌아보는 것이 곧 내게 한 것이라'(마25장)고 말씀하셨다.

하나님이 부족한 나를 택하시고 옥에 갇힌 자를 돌볼 수 있게 인도하셨다. 주께서 친히 이 일을 계획하시고 그 모든 일을 이루시는 중에 부족한 나를 사용하셨다고 믿는다. 1979년 서울소년원을 시작으로 전국에 있는 소년원마다 선교의 문이 열렸다. 1992년에 개척한 광주소년원까지 12개의 소년원과 심사원 4곳에 교회를 개원했다. 1980년 충주소년원 소망교회를 개척할 땐 박양덕 전도사님의 협조를 받았다. 그러나 후임 사역자들이 자주 교체되는 바람에 많은 어려움이 있었다. 사역이 불안정하게 진행되더니, 법무부에서 충주소년원 폐쇄를 명령했다. 결국은 사역을 접어야 했다.

1981년 11월부터 약 2년여 동안 박양덕 전도사와 함께 인천소년교도소 금요집회를 맡았다. 1982년에는 춘천소년원 소망교회를 개척하여 섬겼다. 그 후 박양덕 전도사님에게 춘천소망교회를 맡기고, 1985년 청주소년원 소망교회를 개척했다. 우리 가정도 청주로 이사하고 퇴원생들을 위한 교회를 개척, '주님의 교회'란 이름으로 시무했다.

1986년 서울소년원이 의왕시로 이사했다. 서울소년원 소망교회를 섬기던 선교사들이 거리가 멀어진 사유로 사역을 포기했다. 나는 내수동교회에서 매주 청주소년원을 섬기던 7명의 선교사와 함께 서울로 옮겼다. 청주소년원 교회는 이재환 전도사에게 인계하고, 현재까지 서울소년원을 섬기고 있다.

청년 때 혜명교회에서 만났던 지성수 목사님이 전주의 온고을 고등학교 교목으로 부임했다. 1986년 7월, 우리는 전주소년원에 임마누엘 교회를 개척했다.

1987년에 개척한 제주소년원 소망교회는 제주가 고향이며 퇴임 원장이신 임명순 장로님의 제안으로 세워졌다. 신앙수련회가 열릴 때마다 서울 고봉소망교회 선교사들이 자비량으로 나섰다. 2년 동안 비행기로 제주도를 오가면서 사역하다가 제주도의 선교사들에게 인계했다.

부산소년원에서도 교회를 세워 달라는 요청이 있었다. 제주소년원의 김상호 교무과장의 부탁이 있었다. 그분은 내가 충주소년원 소망교회에서 시무할 때 계장으로 근무했다. 제주소년원에서 다시 만났는데 자신이 부산소년원으로 전출을 가게 되었으니 꼭

와 달라고 부탁했다.

1989년 부산소년원 소망교회를 개척했다. 초창기엔 서울소년원과 부산소년원을 왕래해야 했다. 거리가 먼 관계로 어려움이 따랐다. 버거웠지만 나의 앞길을 인도하시는 주님을 따라갔다. 몇 달 동안 격주마다 서울에서 부산행 비행기를 탔다. 마침 신학원 동기 이기열 목사가 부산 주례에 교회를 개척했다. 부산소년원을 맡아 달라고 했더니, 흔쾌히 허락했다. 이기열 목사님은 서쪽 끝의 주례동에서 동쪽 끝의 오륜동까지 먼 거리를 2년 동안 섬겼다. 어릴 적 대조제일교회에서 함께 자랐던 친구 윤경식 목사님이 부산해운대교회의 협동목사가 되었다. 부산소년원 교회를 윤 목사님이 전담하도록 맡겼다. 그 후에 윤 목사님과 김기동 전도사님이 부산소망교회를 섬기던 중에 윤경식 목사님이 일반목회를 하게 되어 서울로 이사했다. 그 빈자리에 서울 송파에서 목회하며 충주소망교회 사역을 돕던 조석순 목사님을 부산으로 파송했다.

1998년 3월에 조석순 목사님을 대구로 파견 대구소년분류심사원 소망교회와 대구소년원 소망교회를 동시에 개척했다. 창원소년원과 김해의 소년분류심사원에도 소망교회를 열고, 선교사들을 세워서 예배를 드리기 시작했다. 그 후 충주소년원이 문을 닫으면서 동료 선교사들은 대전으로 옮겼다. 1986년 대덕소년원 소망교회를 개척하여 섬겼다. 겨자씨선교회 사무간사였던 서정숙 전도사님과 김경자 전도사님을 파송해서 1990년 안양여자소년원에도

　　　　　　　　　　너도 이와 같이 하라

소망교회를 개척했다. 오래전부터 광주소년원 사역을 하던 이규성 목사님과 협력하여 1992년부터 광주소년원 신앙수련회를 인도했다.

1987년 5월에 겨자씨선교회의 지방소년원 지부를 결성했다. 1999년 9월에 독립시키기까지 프로그램과 경제적인 지원을 했다. 소년원 세미나를 개최하고 소년원 선교사역에 대한 전반적인 행정에 대해 의견을 나눴다.

국내의 모든 소년원에 하늘나라 복음을 전하는 사명을 감당했다. 소년원에서 예수님을 영접하고 믿음을 키운 580여 명의 퇴원생을 공동체 생활관 겨자씨마을에서 양육했다. 그중에 8명이 목사 임직을 받았다. 3명은 해외선교사로 파송했다. 지금도 아프리카 잠비아, 탄자니아에서 해외선교사로서의 본분을 다하고 있다.

"하나님 부족한 종을 통하여 대한민국 소년원마다 교회를 세울 수 있게 길을 열어 주시니 감사합니다. 맡겨 주신 사명 잘 감당할 수 있는 지혜와 능력도 주옵소서."

전국을 누볐던 때가 엊그제 같은데 세월이 많이 흘렀다. 선교의 불길을 옮겨서 소년원마다 타오르게 하시고, 주님은 그 일에 나를 사용해 주셨다.

참 목자의 서사

인류 문명사회가 나날이 발전하는 이 시대에 현대 교회의 위기 중 하나를 꼽으라면 지식은 많으나 행함이 없다는 것이다. "인자가 올 때에 세상에서 믿음을 보겠느냐." 하신 주님의 말씀처럼, 안타깝게도 참된 그리스도인, 행동하는 신앙인이 점점 사라지고 있다. '너도 이와 같이 하라'는 하나님의 명령은 작금의 그리스도인이 어떻게 살아가야 하는지를 비춰 주는 이정표라 할 수 있다. 이 책은 한 목자의 진솔한 서사이며 하나님을 증거하는 발자취다. 실제로 김원균 목사님은 그리스도인이 어떻게 살아야 하는가의 모범을 한결같이 보여 주신 분이다.

'너도 이와 같이 하라'를 통해서 낮에는 직장으로, 밤에는 교회로 발걸음을 향하던 가슴이 뜨거웠던 청년 김원균. 그리스도의 마음이 임하여 남들이 대체로 외면하는 소년원선교의 길을 결심하고 실천한 여정이 담긴 이 글에서 우리는 한 사람의 순종의 발걸음이 얼마나 많은 이의 치유와 회복을 불러일으키는지를 알 수가 있다. 그러므로 이 책은 그리스도인들에게 믿음의 도전을 주는 동시에 이 시대의 그리스도인이 어떻게 행동하는 신앙인이 될 것인지 이 정표가 되리라 믿어 의심치 않는다.

김원균 목사님이 1978년부터 시작한 소년원선교가 올해로 46년을 맞이했다. 어언 반세기 동안 사랑과 희생으로 헌신한 김원균 목사님을 동역자로서 존경한다. 마음을 다하여 목사님 사역의 여정을 기도하고 응원한다.

이번 책 《너도 이와 같이 하라》가 차세대 소년원 사역자들의 사표가 되길 기대한다. 무엇보다 이 고된 사역을 믿음과 순종으로 감당하신 김원균 목사님과 우순애 사모님의 노고를 치하하며, 주위 분들의 격려와 독자들의 큰 호응이 있기를 소망한다.

이태근 (기독교대한하나님의성회 증경총회장, 목사)

아름다운 도전

이 간증문은 단순히 한 사람의 삶을 나열한 글이 아니다. 하나님께서 행하신 놀라운 선교 현장의 발자취다. 부모로부터 버림받고 사회에서 소외된 소년원의 청소년 한 사람 한 영혼을 천하보다 귀하게 여기시는 예수님의 마음을 품고 복음을 전해 온 한 목회자 부부의 진한 삶의 기록이다. 전국에 소년원교회를 개척하며 하나님의 사랑을 전하는 놀라운 은혜의 이야기이다.

김원균 목사님은 어린 시절 들었던 '가서 너도 이와 같이 하라'는 하나님의 음성에 순종하며, 가난과 고난 속에서도 하나님의 사랑을 전하는 삶을 살았다. 도움이 절실한 아이들을 어둠에서 빛으로 인도하기 위한 목사님의 헌신과 희생의 여정을 단순한 자랑이 아닌, 하나님의 일하심을 적나라하게 기록했다. 주류 사회로부터 소외된 이들을 사랑과 인내로 구원하고 회복하는 일에 전심전력으로 달려온 목사님의 삶은 깊은 감동과 도전을 준다.

저자의 귀한 사역 덕분에 많은 이들의 삶이 변화되고 회복되었다. 부모와 사회로부터 소외된 아이들을 찾아가 하나님의 빛으로 인도하신 보배로운 목자. 하나님의 역사와 은혜를 모아 책으로 엮어 내니 기쁘고 감사하다. 이 귀한 간증집을 통해 누구나 하나님의 사랑과 은혜의 역사를 경험하기를 소망한다. 또한 소외된 이웃과 영혼을 향한 하나님의 뜻을 품기를 바란다. 나를 부르신 곳에서 '너희는 세상의 빛이라'고 말씀하신 것처럼, 각자의 자리에서 하나님의 빛을 비추는 시명자로 선교사로 결단하기를 소망하며 마음을 다해 이 책을 추천한다.

황덕영 (평촌 새중앙교회 담임목사)

목 차

소년원선교 이야기
김원균 편

1장 곤고한 날의 은혜

2장 사명의 길

3장 소년원 아이들의 아버지

김원균 편

소년원선교 이야기

1장

곤고한 날의 은혜

예쁜 선생님과의 약속

초등학교 4학년 때의 일이다. 봄바람이 살랑대던 어느 봄날, 학교를 마친 뒤 집으로 가는 언덕길을 올라갈 때였다. 누군가가 나를 불렀다.

"네 이름이 원균이지?"

"네. 누나는 누구세요?"

그 여자분은 내 앞에 서서 허리를 낮췄다. 그러고는 다정하게 말했다.

"나는 저기 보이는 금곡교회 주일학교 민병숙 선생님이야."

하얀 손으로 예배당을 가리키며 활짝 웃는 선생님이 동화 속 주인공 같았다.

"착한 원균이, 예수님 믿고 천국에 갈 수 있도록 교회에 나오면 참 좋겠다."

내 손을 잡고 교회에 나오라고 말하는 예쁜 선생님의 말씀에,

나는 주저 없이 주일에 나가겠다고 약속했다. 그 선생님과 인사를 나누고 가파른 언덕길을 뛰는 동안 가슴이 콩닥댔다.

나는 6.25 전쟁이 발발한 1950년 8월 평택의 외가에서 태어났다. 전쟁 중에 나를 낳고 키우시던 어머니는 고생이 평생의 업이었다. 아들만 3형제인 집에서 둘째로 태어난 나는 항상 누나나 여동생이 있는 친구들이 부러웠다. 그런데 민병숙 선생님이 다정하게 내 이름을 불러 준 사건이 일어났다. 그날 밤 그 선생님을 다시 만날 수 있다는 생각에 쉽게 잠을 이루지 못했다. 덕분에 주일 아침에 늦잠을 자고 말았다.

"원균아, 칡뿌리 캐러 가자."

아침에 두 친구가 삽과 괭이를 들고 부르는 소리에 벌떡 일어났다. 그 순간 교회에 가기로 약속한 것을 까맣게 잊어버렸다. 친구들과 함께 뒷동네 설화산에 올랐다. 한나절 동안 칡뿌리를 잔뜩 캐고 칡을 질겅질겅 씹으며 집으로 돌아왔다. 그런데 민병숙 선생님이 집 앞에 서 있었다. 나는 선생님과의 약속이 그제야 생각났다. 미안하고 부끄러웠다.

"잊어버렸구나. 원균아. 괜찮아. 다음 주일엔 꼭 나올 수 있지?"

선생님은 웃으며 손을 흔들고 언덕길을 내려갔다. 나는 인사도 제대로 하지 못하고 마당 끝에 한참이나 멍하니 서 있었다.

그다음 주일 난생처음 예배드리러 교회에 가던 날, 일찍 일어나서 세수를 하고 단정한 차림으로 교회로 향했다. 그러나 나는 예배당 안으로 들어가지 못하고 한참이나 교회 마당에서 서성였다. 예전에는 한달음에 달려갔던 예배당이었다. 교회 주일학교 아이들은 모두 내가 잘 아는 아이들이었다. 그런데 그날은 낯설고 어색했다. 아이들에게 찬송을 인도하던 민 선생님이 쭈뼛대는 나를 발견했다. 선생님은 웃는 얼굴로 나를 맞이했다. 금곡교회 담임 전도사님과 주일학교 선생님들은 각별한 관심과 사랑으로 반겨 주셨다. 그때부터 나는 주일학교 어린이가 되어 교회생활을 시작했다.

나는 교회에 출석하는 일에 열심을 냈다. 그래서 찬송도 잘 부르고 전도도 잘하는 아이로 소문나기 시작했다.

1960년 나를 교회로 인도하신 민 선생님을 잊고 살다가 50년이 지난 후 찾아 나섰다. 인천감리교회 권사로서 여전히 주의 일을 하고 계셨다. 젊은 시절 교회를 섬기다가 지금은 기도의 어머니가 되어 편안한 여생을 보내고 있었다. 선생님은 자신이 교회로 인도한 어린 제자가 목사가 되어 주의 일을 하는 것을 기뻐했다. 가끔 안부를 여쭙고 찾아뵙는다. 여전히 소녀처럼 해맑으시다. 제자 목사가 하는 일을 기도와 물질로 도우신다.

너도 이와 같이 하라

내가 장차 어른이 되면

내가 금곡교회에 출석한 지 1년이 지나갔다. 1961년 12월 24일 성탄절을 기념하는 행사를 준비하느라, 충청도 산골 마을의 작은 예배당은 잔칫집 같았다. 색종이를 오려 붙이고 그림을 장식하고 교회 앞마당에는 눈사람도 세웠다. 주일학교 교사들과 아이들이 온갖 솜씨를 다해 예배당 안팎을 아름답게 장식했다. 금곡교회는 충남 이산군 배방면 중리2구에 있는 작은 창고 같은 건물이었다. 양철지붕과 송판을 붙인 마루, 장작 난로가 두 개 있었다. 천장엔 희미한 호롱불이 매달려 있는 예배당이었다. 우리 마을은 조선시대 맹사성의 고택이 있는 마을이며 맹씨 집성촌이었다. 그런데 교회에 출석하는 교인들은 부유한 맹씨 집안의 사람들이 아닌, 가난한 사람들 몇과 어린이 30여 명이 전부였다.

성탄절 성극을 준비하며 매일 밤늦은 시간까지 친구들과 담임 전도사님 댁에서 연습했다. 어느 날 연습을 마치고 개울 옆 언덕 길을 걸어 집으로 돌아가고 있었다. 낮에는 진눈깨비가 내리더니, 밤에는 안개가 자욱했다. 야맹증이 있는 나는 앞이 잘 보이질 않았다. 내 손을 눈앞에 대고 흔들어 보았지만, 손바닥조차 보이지 않을 만큼 칠흑 같은 밤이었다. 마을의 집들도 대부분 호롱불이 꺼져 있고, 사람들도 잠든 시간이었다. 길이 전혀 보이지 않아서 길가의 돌담을 손으로 더듬으면서 걸었다. 좁고 위험한 다리

두 개를 건너고 우리 집 아래에 있는 친구 집 돌담 옆 가파른 언덕 길을 조심조심 올라갔다. 그런데 밭 가운데 서 있는 큰 밤나무 밑에 며칠 전에 내린 눈을 쌓아 놓는 곳에서 무언가 시커먼 것이 움직였다. 큰 짐승 같았다. 온몸에 소름이 돋고 머리카락이 하늘로 솟는 것 같았다. 불과 5m 앞에 내 몸집보다 큰 산짐승이 있다니. 공포감에 숨을 쉴 수가 없었다. 그 순간 어린 목동 다윗이 물맷돌로 골리앗을 쓰러트린 성경 말씀이 생각났다. 나는 돌담에 끼어 있던 작은 돌멩이를 빼내려다가 돌멩이를 놓쳤다. 고요한 밤에 작은 돌멩이가 땅바닥에 떨어지는 소리는 꽹과리 소리처럼 크게 느껴졌다. 그런데 그 소리에 더 놀란 것은 그 검은 그림자였다. 검은 그림자가 오히려 산 쪽으로 도망갔다. 동시에 나도 집을 향해 비호처럼 뛰었다. 그리고는 내 키보다 높은 돌담을 뛰어넘고 방으로 들어가자마자 기절하고 말았다.

한참 후 깨어나 보니, 어머니는 내 이마에 물수건을 올리고 형과 동생은 내 몸을 주무르고 있었다. 가족들은 나에게 성극 연습을 중단하라고 했다. 그러나 성탄절이 가까웠고 내가 주인공이라서 중단할 수는 없었다. 내가 성극 연습을 중단하지 않을 것을 잘 알던 어머니는 ㄱ 모양의 후레쉬(랜턴)를 빌려 오셨다. 난생처음 사용해 보는 후레쉬를 들고 매일 밤 아랫마을 전도사님 댁에서 성극 연습을 하며 성탄절 맞을 준비를 했다. 크리스마스이브 행사에는 믿음생활을 하지 않던 마을의 아이들과 아주머니, 할머니들도

너도 이와 같이 하라

거의 다 예배당에 오시기 때문에 예배당은 빈자리가 없었다.

구경거리도 귀한 시절이었다. 또 자녀들이 예배당에서 찬양하고 율동하고 성극을 하니 구경 온 것이다. 그해 크리스마스에 금곡교회 예배당은 대부흥을 이루었다. 크리스마스이브 행사는 온 마을의 축제가 되었다. 마지막 무대는 초등학교 4, 5, 6학년 아이들이 한 달 동안 준비한 성극이었다. 성극의 극본은 누가복음 10장 '선한 사마리아 사람'의 이야기를 각색한 것이었다. 열심히 준비했던 만큼 우리의 성극은 사뭇 진지했다. 성공적으로 성극을 마친 후 강단 무대에서 출연자 모두 손을 잡고 나란히 한 줄로 서서 인사했다.

"메리 크리스마스!"

우레와 같은 박수 소리가 끊이지 않았다. 무대의 중앙에 서 있던 12살의 내 마음에 그 순간 예수님의 음성이 들리는 듯했다.

'가서 너도 이와 같이 하라.'(눅10:37)

성탄 축하 행사를 끝내고 집에 돌아왔을 땐 거의 새벽이었다. 어머니가 양말을 꿰매며 나를 기다리고 계셨다.

"엄마, 내가 이다음에 어른이 되면, 불쌍한 사람들 도와주는 전도사님이 될래요."

"그래 우리 원균이는 훌륭한 전도사님이 될 수 있을 거야."

어머니는 교회에 나가지는 않았지만, 내 꿈을 반대하지 않으셨다. '이다음에 어른이 되면 불쌍한 사람들을 도와주는 하나님의 종이 되겠다'고 고백한 것은 성령께서 어린 내게 가르쳐 주신 서원 기도였다. 그 후 내 마음에는 '가서 너도 이와 같이 하라' 명령하신 예수님의 말씀이 항상 자리하고 있다.

노다지를 꿈꾸는 아버지 때문에

내가 이다음에 부자가 되어서 불쌍한 사람들을 도와주겠다고 서원했더라면, 나는 지금까지도 하나님과의 약속을 지키지 못했을 것이다. 그때 나는 가난한 집안의 어린이였을 뿐이다. 하지만 나는 어른이 되면 불쌍한 사람들을 돕는 전도사가 되겠다고 서원했다.

우리 아버지는 금광 광업소의 소장으로 전국 각지를 옮겨 다녔다. 어느 날 갑자기 '노다지'를 만날 수 있기를 꿈꾸셨다. 중리3구에 있는 금방앗간을 운영했다. 그 고을에서 금방앗간만 전기를 사용했는데, 금곡초등학교도 교장 선생님의 부탁으로 전기를 나누어 사용했다. 아버지는 사람들이 많이 따랐고 머리 회전이 빠르며 지혜가 있었다. 그런데 어느 날 아버지의 금광 사업이 부도가 났다. 우리 가족은 중리2구에서 부잣집으로 소문난 승재네 집 아래채로 이사했다. 그 아래채는 머슴이나 하인이 살던 초가삼간이었다. 승재 부모님이 집세도 받지 않고 거저 빌려준 것이다. 아버지의 부도 이후 그 마을에서 가장 가난한 집 하나를 꼽으라면 바로 우리 집이었다.

어머니는 경기도 평택의 부잣집 외동딸로 자랐다. 우리 부모님은 경찰서장을 지냈던 큰아버지의 중매로 결혼했다. 어머니는 고생을 모르고 살다가 결혼 후 아들 3형제를 기르면서 극한의 가난을 견뎌 냈다. 아버지는 우리 4식구를 두고 새로운 금광을 찾아다니느라 1년에 한두 번 오셨다. 어쩌다 집에 와도 하루 이틀 머문 뒤 생활비를 한 푼도 주지 않고 다시 금맥을 찾아 떠나곤 했다. 어머니는 가정을 돌보지 않는 남편을 대신해서 아들 3형제를 기르느라, 노동에서 벗어나지 못했다. 중학생 형과 초등학생이던 나와 동생은 거의 매일 수제비나 시래기죽을 먹었다. 그나마 하루 세 끼를 다 찾아 먹지도 못했다.

내가 다녔던 금곡초등학교는 전교생이 4백여 명이었다. 선생님들은 전교생이 모인 운동장에서 육성회비를 내지 못한 학생의 이름을 부르고 면박을 주곤 했다. 호명당하여 지휘대 앞으로 나가면, 10여 명의 학생들 속에 항상 우리 형제들이 서 있곤 했다. 어머니가 품팔이 농사일을 도와주고 곡식을 받아 와서 겨우 끼니를 때우던 시절이었다.

나는 눈 쌓인 산에서 나무를 해다가 아궁이에 불을 때곤 했다. 그래도 허름하게 지은 초가삼간 방은 너무 추웠다. 기나긴 겨울밤을 뒤척이며 새우잠을 자야만 했다. 그러나 그토록 가난한 생활을 하면서도 어머니는 우리 3형제를 항상 특별하게 양육하셨다. 초등학교 때도 항상 검정 교복에 하얀 칼라를 덧붙여 단정하게 입혔다. 친구들은 집에서 가위로 머리를 깎아서 머리 모양이 들쑥날쑥했지만, 우리 3형제는 항상 이발소에서 이발했다.

우리 동네엔 과일나무가 많았다. 아이들은 남의 집 과일을 곧잘 서리해서 먹었다. 그런데 우리 어머니는 남의 집 과일나무에서 떨어진 과일도 주워 먹지 못하게 하셨다. 마을 사람들은 아이들이 못된 짓을 하면 우리 3형제를 본받으라고 책망했다 한다. 어머니는 생계를 책임지느라, 교회 출석을 못 하셨다. 항상 하나님께 혼자 기도드렸다.

어머니는 남편의 보살핌을 전혀 받지 못했다. 밖으로만 떠도는 남편 대신 아들 3형제를 혼자서 기르셨다. 당시 우리 마을엔 아산 군수와 배방면 면장님이 살았다. 어느 해 설날 아침, 면장님의 두 딸이 우리 어머니께 세배를 왔다. 딸들은 20대였고, 어머닌 30대 후반이었다.

"가르침을 받고 오라고 저희 아버지께서 보냈어요."

어머니는 아직 젊었지만, 마을 어른들에게 본이 되는 삶을 살았다. 우리 마을 중리2구에서 가장 가난했던 집. 그 초가삼간 집에서 바르게 살라고 이르시던 어머니. 다정했던 어머니의 엄한 교육과 예수님이 주신 꿈이 어린 내 가슴에 있었다.

너도 이와 같이 하라

뿔뿔이 흩어져 살게 된 가족

내가 초등학교를 졸업할 무렵, 형은 중학교를 졸업했다. 우리 집 형편은 여전히 나아지지 않았다. 형은 초등학생 때부터 공부를 뛰어나게 잘했다. 성적표에 '수'보다 뛰어나다고 선생님들이 항상 만년필로 '뛰' 자를 기록했다. 특별히 공부를 잘했기에, 사람들은 우리 형을 천재라고 했다. 그렇게 절망적인 현실이었지만, 어머니는 가족을 책임지지 않는 아버지를 탓하지 않았다. 그때 어머니는 아들을 상급 학교에 진학시키려고 큰 결심을 한 것 같았다.

어머니는 남의집살이를 해서라도 공부시키겠다 결심하고 홀로 서울로 가셨다. 형은 입주 교사가 되어 친구네 집으로 갔다. 나와 네 살 터울의 동생은 할머니가 있는 작은아버지 댁으로 보내졌다. 우리 형제는 어미 닭을 잃은 병아리처럼 서로를 의지했다. 속상한 일이 있어도 소리 내어 울지도 못하고 늘 주눅이 들었다.

그해 설날 상산 김씨 집성촌인 상성리에 친척들이 많이 찾아왔다. 아버지는 명절에도 여전히 소식을 알 수가 없었다. 나는 친척들 가운데 아버지를 닮은 당숙 아저씨를 아버지로 착각할 뻔했다. 14살이었던 내가 아버지와 당숙을 구별하지 못할 나이는 아니었다. 그렇지만 우리 형제들은 아버지에 대한 기억이 가물가물했다. 겨우 1년에 한두 번, 그것도 밤중에 오셨다가 아침밥만 드시고 횡 떠나셨다.

설 명절이 지나자, 할머니는 시골 마을 입구에 작은 방을 얻었다. 할머니는 우리 형제가 작은집에서 눈칫밥을 먹는 것을 못내 안쓰러워했다. 땔감을 해 오는 일이나 밥 짓고 빨래하는 일들은 그리 힘들지 않았다. 마을 입구에 살다 보니, 아침저녁으로 교복을 입고 등교하는 내 또래의 학생들과 마주치는 것이 제일 힘들었다. 그래서 동네 아이들이 등하교하는 시간에는 산에 가서 나무를 모아 오는 일을 하든지, 아니면 등하교 시간이 지날 때까지 방 안에서 시간을 보냈다. 그런 와중에도 엄마가 서울에서 보낸 편지와 생활비를 받을 때면, 언젠가는 우리도 온 가족이 함께 살 수 있다는 희망이 생겼다. 서로 의지하며 살게 될 날을 고대하며 동생과 나란히 누워 잠들곤 했다.

"우리가 알거니와 하나님을 사랑하는 자 곧 그 뜻대로 부르심을 입은 자들에게는 모든 것이 협력하여 선을 이루느니라"(롬8:28)

하나님께서 나를 소년원 아들들을 위한 선교 사역자로 쓰시기 위해, 일찍이 가난과 서러움과 멸시받음을 경험시키신 것이라 이해되었다.

너도 이와 같이 하라

'사렙다 과부'인 큰어머니 집으로

내가 15살이 되자, 형은 안양유원지 근처 석수동에 월세방을 얻어 우리를 이사시켰다. 3형제가 함께 살게 되자 마음이 든든했다. 그런데 뜻밖에도 몇 달 후 아버지가 찾아오셨다. 쌀도 사고 감자도 큰 포대 가득 사 오셨다. 갑자기 부자가 된 것 같았다. 아버지와 4식구가 함께 사는 것이 꿈만 같았다. 그러나 행복한 순간은 잠시뿐이었다. 아버지는 병이 들어서 우리를 찾아온 것이었다. 아버지의 병은 눈에 띄게 악화되어 갔다. 결국 명동 성모병원에 입원했다. 그 후로 아버지는 위암을 앓다가 고생 끝에 돌아가셨다. 내가 16세 때였다. 한동안 아버지가 돌아가셨다는 사실이 믿어지지 않았다. 유년 시절을 거의 아버지가 부재중인 집에서 살았지만, 아버지 없는 자식이라는 생각을 하고 살지는 않았다. 가족을 돌보지 않던 아버지였지만 실제로 아버지가 돌아가시자, 아버지를 다시 볼 수 없다는 불안과 상실감은 의외로 오래 지속되었다.

그 후 형은 취직하러 서울로 갔다. 나와 동생은 안양 석수동의 셋방을 정리하고 다시 할머니가 있는 아산의 상성리 고향으로 내려갔다. 할머니는 작은아버지 댁에서 살았다. 우리가 그 집에 들어서자마자 작은어머니가 소리를 질렀다. 당장 나가라고 소리치며 가방을 대문 밖으로 던졌다. 때마침 할머니가 들어오시다가 작은어머니의 욕설에 떨고 서 있는 우리를 보셨다. 할머니가 작은어머니를 나무라시자, 작은어머니는 할머니와 우리 형제를 집 밖으로 쫓아냈다.

할머니도 우리 형제를 데리고 집을 나왔지만, 막상 갈 곳이 없었다. 우리 형제 때문에 할머니마저 막내며느리에게 쫓겨나고 친척 집을 전전하게 되었다. 삼시 세끼 끼니를 걱정하던 시절이어서 우리를 반겨 주는 친척은 없었다. 그런데 어느 날 30리를 걸어 찾아간 친척 집에서 우리를 반갑게 맞아 주었다.

"동서. 원균이는 열여섯 살이라 농사일을 도울 수 있으니, 자네 집에서 머슴으로 살게 해 주게나. 작은애는 우리 딸에게 부탁할까 해."

이불 속에서 두 할머니의 대화를 들었다.

"형님, 사정은 딱하지만, 우리 아들이 허락하지 않을 것 같어유."

그 할머니도 우리를 받아들일 처지가 못 되었다. 그 와중에도 나는 농사꾼이나 머슴이 되면 어쩌나 불안했다. 16세의 나와 네 살 어린 동생 그리고 늙은 할머니가 초대받지 못한 손님이 되어 불안스레 잠을 청하던 그 밤. 도무지 잠을 이룰 수가 없었다.

우리는 사흘을 그 친척 할머니 집에서 지냈다. 그러나 더 오래 신세를 질 수 없어서 또다시 할머니를 따라서 여기저기 친척 집을 찾아갔다. 하지만 우리를 반겨 주는 친척은 없었다. 마지막으로 우리 형제 둘이서 서울의 큰어머니 댁을 찾아가기로 했다. 할머니는 무거운 발걸음을 돌려 다시 작은아버지 댁으로 가셨다.

우리는 난생처음 서울행 기차를 탔다. 큰어머니는 종암동의 단칸방에서 헌책을 뜯어 종이봉투를 만들어 팔아서 생활했다. 큰어머니는 딸만 일곱을 낳았다. 아들을 못 낳는다는 이유로 소박을 맞았다. 큰어머니는 세 딸을 데리고 4식구가 단칸방에서 어렵게 살고 있었다. 그런데도 우리 형제를 반갑게 맞아 주셨다. 큰어머니 댁은 그동안 우리 형제가 방문했던 여러 친척 가운데 가장 가난했다. 우리 형제 때문에 식구가 6명으로 늘어나자 단칸방은 더 좁아졌다. 사촌 자매들도 우리 형제를 진심으로 반겼다. 어려운 형편임에도 우리 형제를 받아 준 큰어머니. 우리는 거처할 곳이 있다는 것이 고마울 뿐이었다. 매일 종이봉투를 만들어야 겨우 먹을 것을 살 수 있던 큰어머니 댁이었다. 방은 종이와 풀칠 도구로 발 디딜 틈이 없이 복잡했다. 군대 담요 하나씩을 덮고 잠을 청하던 밤이면, 종이 뭉치와 풀 그릇을 벽 쪽으로 밀쳐놓고 누웠다. 방은 움직일 틈도 없이 좁았지만, 아무도 불평하지 않았다.

서울에 상경한 지 3일째 되는 날 아침이었다. 그날은 큰어머니가 종이봉투를 만들지 않고 벽장에 넣어 두었던 깨끗한 옷을 꺼내셨다. 그러고는 교회에 가자고 재촉했다. "이스라엘에 많은 과부가 있었으되 엘리야가 그중 한 사람에게도 보내심을 받지 않고 오직 시돈 땅에 있는 사렙다 과부의 공궤를 받게 하셨다."(눅4:24-26)고 말씀하신 예수께서 우리 형제에게 신앙생활을 할 수 있도록 믿음의 길로 인도한 것이다. 다소 여유가 있던 친척 중에는 예수님을 믿는 가정이 없었다. 가난하게 생활하고 있지만 믿는 큰어머니께로 우리 형제를 보내고 교회에 다닐 수 있게 하신 것이다. 나는 오랜 시간이 지난 후에야 세밀하게 인도하시는 하나님의 섭리를 깨달았다.

몸도 가슴도 매일 밤 뛰었다

우리 형제는 큰어머니 댁에 살면서 그동안 잊고 있던 신앙생활을 다시 시작할 수 있었다. 그뿐만 아니라 큰어머니는 우리가 기술을 배울 수 있는 직업을 갖도록 여기저기 수소문하셨다. 그 당시엔 기술을 배우는 동안 먹여 주고 조금의 용돈을 주는 정도가 취직 조건의 전부였다. 기술을 배울 수 있다기에 목공소와 철공장 등 여러 곳을 전전했다. 영세한 가내공업 수준이었던 공장들은 무슨 영문인지 오래지 않아 폐업하곤 했다. 나는 자의 반 타의 반으로 직장을 옮겨 다니느라, 어느 것 하나 제대로 된 기술을 배울 수가 없었다.

19세가 되면서 불광동에 있는 자전거상회에서 일하게 되었다. 그런데 주일에도 쉬지 않아서 교회에 출석할 수가 없었다. 주일 예배에 참석할 수 없는 것이 몹시 속상했다. 그때 어떻게 하면 예배를 드릴 수 있을까 궁리했다. 모사가 많으면 경영이 이루어진 다더니, 어느 날 좋은 생각이 떠올랐다. 주일예배는 직장 때문에 못 나가도, 새벽기도회는 참석할 수 있겠다는 생각이 들었다. 그날 밤, 혹 깊은 잠이 들어서 새벽예배에 나가지 못하면 어쩌나 염려하며 밤새도록 찬송가를 부르면서 새벽이 되기를 기다렸다. 기대에 부풀어서 그런지 졸리지 않았다. 밤새 기다렸다가 교회를 찾아갔다. 너무 일찍 나간 탓인지 문이 잠겨 있었다. 급한 마음에 교회 앞 큰길 건너편 대조동 산 위에 있는 교회에서 새벽기도를 드렸다. 그 시간이 얼마나 좋았던지 새벽기도회를 생각하면 가슴이 뛰고 설렜다. 그러나 시간이 흐르자 마음은 무엇이든 할 것 같은데, 몸이 곤해서 감당이 되질 않았다. 하루 종일 노동하고 새벽에 일어나는 것은 쉽지가 않았다. 나는 이 문제로 하나님께 지혜를 구했다. 그리고 직장을 마치고 저녁기도를 하기로 계획을 바꾸었다. 저녁에 예배당에 갔더니, 매일 밤 기도하는 분들이 여럿 있었다. 나도 그분들 틈에 앉아서 매일 밤 기도했다.

대조제일교회는 지금은 고인이 된 최용문 목사님이 담임이었다. 목사님은 '사랑의 원자탄' 손양원 목사님과 신사참배를 반대하다가 순교한 주기철 목사님의 일사각오의 신앙과 사명감을 강조하며 우리를 훈련시켰다. 그래서인지 여러 성도가 밤마다 모여 중보의 군불을 땠다. 나도 그 일원으로 함께할 수 있어서 기쁘고 감사했다. 날마다 부어 주시는 하나님의 은혜가 고단한 내 영혼을 어루만졌다. 알 수 없는 기대와 흥분으로 밤마다 가슴이 뛰었다.

기도회를 시작한 지 두 달쯤 되었을 때였다. 그날도 일을 마치고 예배당에서 무릎을 꿇었다. 눈 감은 나에게 갑자기 찬란하게 빛나는 길이 보였다. 아름다운 황금길이었다. 그 길이 이어진 끝에는 진주로 장식된 문이 활짝 열려 있었다. 햇빛보다 더 밝고 아름다운 빛이 쏟아져 나왔다. 형언할 수 없이 아름답고 찬란한 광경에 놀라 눈을 떴다. 전혀 상상치 못한 환상이었다. 천국의 황금길을 확인하던 그날의 감동은 세월이 흐른 뒤에도 쉬이 잊히지 않는다. 오히려 힘든 일을 만날 때마다 그날의 감격을 떠올리며 힘을 얻곤 했다. 또한 기도 중에 충격적인 환상도 보여 주셨다. 땅이 갈라지고 깊은 구덩이 속에서 불과 연기가 뿜어져 나오고 하나님을 믿지 않은 사람들이 그 불구덩이 속으로 떨어지고, 죄로 오염된 지구가 지옥으로 변하는 환상을 보며 깨닫게 해 주셨다.

하나님께서는 나에게 특별한 은혜를 체험하게 했다. 한동안 매일같이 천국 문과 빛나는 황금길을 보여 주셨다. 갈수록 기도 시간이 길어졌다. 매일 밤 기도하다 잠깐 잠들고, 새벽기도회를 마치고 직장으로 출근하는 것이 일상이 되었다. 하나님은 1961년 크리스마스이브에 '가서 너도 이와 같이 하라'(눅10:37)는 제목의 성극을 통해 도전을 주셨던 그 말씀에 순종하도록 이끄셨다. 주의 종이 될 것을 다짐하는 기도를 하면서 내 가슴은 뛰었다. 생각만 해도 설렜다.

나는 일을 마치고 동료들이 여가를 즐기러 갈 때도 같이 어울릴 수가 없었다. 매일 밤 교회 예배당에서 성경을 읽고 기도하는 것에만 몰두했다. 나에게는 천하의 어떤 놀이보다도 귀한 것이 예배와 찬송이었다. 고달프고 힘든 생활이었지만, 매일 기쁨과 성령 충만의 일상을 이어 갔다.

사이비 신자 아니야?

하나님의 성전에서 집중적으로 기도훈련을 받던 나는 입영통지서를 받았다. 그동안 직장에 다니면서 저축했던 돈이 130만 원이 있었다. 당시로선 제법 큰돈이었다. 그 돈을 현금으로 찾아서 대조제일교회 본당 입구에 있던 헌금함에 넣었다. 새로운 생활을 해야 하기에, 전 재산을 하나님께 드리고 입대하고 싶었다. 성경책 갈피에 비상금을 조금 챙긴 뒤 나는 1972년 2월 4일 논산훈련소에 입소했다. 훈련소는 먹고 자는 것 외에 모든 생활이 불편하기 그지없었다. 좁은 내무반에서는 옆으로 누워 동료들과 부대끼며 칼잠을 잤다. 수면 후에도 피곤이 풀리지 않았다. 군사훈련을 받으면서 번개같이 한 주간이 지나가고 곧 주일 아침이 되었다. 기독교인들은 중대본부 앞으로 복장을 단정히 하고 집합하라는 전달이 왔다. 뛸 듯이 기뻤다. 가 보니 30여 명의 훈련병이 일렬로서 있었다. 그때 삐딱하게 모자를 쓴 상등병이 우리 앞으로 왔다.

"지금부터 내가 사이비 기독교인들을 골라서 특별훈련을 시키 겠다."

그러고는 두 손을 위로 올렸다 내렸다 하며 큰소리로 엄포를 놨다. 쓸데없이 벌을 받게 될까 봐 다들 불안에 떨었다. 맨 앞에 서 있는 훈련병부터 시작하여 한 사람씩 성경 암송을 시켰다. 마 태복음 몇 장 몇 절, 사도행전 몇 장 몇 절, 창세기 몇 장 몇 절 하 면서 차례로 성경 구절을 암송시켰다.

"야. 너 사이비 신자 아니야? 그것도 못 외워? 너 이쪽으로 와 서 서 있어. 너희들은 사이비니까 벌칙으로 교회에 가지 못한다. 그 대신 화장실 청소다. 알겠나?"

성경 구절을 외우지 못한 훈련병들을 향해 비아냥대며 소리를 질렀다. 그 고약한 상등병은 제법 성경을 알고 있는 사람 같아 보 였다. 무슨 이유로 기독교인들을 불러내어 핍박하는지 이해할 수 가 없었다. 내 앞에 서 있던 10여 명이 옆줄에 따로 세워졌다. 이 윽고 그 상등병이 나를 지적했다.

"네. 훈련병 김원균."

바짝 긴장하고 있던 내가 큰 소리로 구령했더니, 요한복음 몇 장 몇 절을 암송하라고 지시했다. 나는 그가 암송하라는 성구를 기억하지 못했기에 모른다고 대답했다.

"너도 사이비잖아. 이쪽으로 와서 줄 서."

　　　　　　　　　　　너도 이와 같이 하라

"내가 성경의 말씀들을 모두 암송하지는 못하지만, 저는 진실로 예수님을 믿는 사람입니다."

큰 소리로 대답하는 나를 그 상등병이 힐끗 보았다. 나를 아래위로 훑어보더니, 너는 진짜 신자인 것 같으니 교회에 가도 좋다며 허락했다. 그 뒤 내 뒤에 서 있던 훈련병들이 하나같이 나와 같은 대답을 했다. 우리는 교회에 나가서 입대 후 첫 주일예배를 드릴 수 있었다. 어려운 관문(?)을 통과해선지, 육군훈련소 교회당에 들어서는 순간 기쁨과 두려움 섞인 눈물이 났다.

"사람이 너희를 회당이나 위정자나 권세 있는 자 앞에 끌고 가거든 어떻게 무엇으로 대답하며 무엇으로 말할까 염려하지 말라 마땅히 할 말을 성령이 곧 그때에 너희에게 가르치시리라 하시니라"(눅12:11-12)

국방부장관의 특별 표창장

논산훈련소에서 훈련을 마친 후 일반 하사로 차출되어 하사관학교에서 초급간부 훈련을 받았다. 군에 입대한 지 8개월 지나 하사 계급을 달고, 경기도 양평의 보병 5사단에 전입했다. 포병사령부 본부 포대에 배속된 나는 내무반장에 임명되었다. 당시엔 선임 사병들이 세탁, 병기 손질, 구두 닦기 등 사적인 일을 후임병들에게 강압적으로 시키는 병영문화가 있었다. 나는 처음부터 내가 할 일은 내 손으로 했다. 그래서인지 후임병들은 나를 잘 따랐다. 나는 그들을 힘들게 하는 내무반의 관행들을 없애야겠다고 다짐했다. 첫날부터 일석 점호시간에 지시했다.

"앞으로 우리 내무반원들은 모두 자기가 해야 할 개인적인 일을 일절 후임병에게 시키지 않는다. 각자 자기 일은 스스로 하도록. 알겠나."

"그렇게 못 합니다. 우린 여태껏 고생하고 이제 겨우 편해졌는데, 이게 뭡니까?"

군대는 계급과 명령체계가 서 있는 조직이다. 그런데도 고참 병장들이 불만을 토로했다. 누군가는 물건을 팽개치며 노골적으로 불만을 표했다.

"여러분. 흥분을 좀 가라앉히고 내 말을 잘 들어 주기 바란다. 나의 방침과 지시가 못마땅할 수 있다. 그러나 잘 생각해 보면, 지금껏 우리가 해 왔던 것이 얼마나 비인간적이고 불공평한 행위였는지 알 수 있다. 지난 시간 우리는 내 의지와는 상관없이 비인격적인 대접을 받아 왔다. 내가 잘못된 대접을 받았다고 내 후임병에게 그대로 갚아 준다면, 폐습은 계속될 것이다. 우리가 이것을 바꾼다면 내무반은 한결 훈훈해지고 여러분 자신도 변화될 것이다."

속상하다고 버티던 병장들을 겨우 설득하여 부대의 질서를 바꾸어 놓았다. 초창기엔 불평이 있었지만, 내무반원들은 이내 잘

너도 이와 같이 하라

따라 주었다. 그러자 분위기가 좋아지면서 내무반원들 사이가 돈독해졌다. 나는 새로운 일을 시작하기로 했다.

"우리가 군인으로서 국가에 충성을 다하고 있지만, 좋은 일을 한번 했으면 한다."

군인인 우리가 무슨 일을 더 할 수 있느냐 반문하는 내무반원들에게 나의 방침과 지시에 따라 달라고 협조를 구했다. 그것은 폐품을 모아 기금을 마련해서 불우이웃을 돕는 것이었다. 수혜 대상은 양로원으로 정했다. 아침 점호가 끝나면 청소 시간에 폐품을 수집해서 수송부 빈터에 모으도록 했다. 1주일에 한 번씩 고철과 유리병을 트럭에 싣고 고물상으로 향했다. 담배를 피우지 않는 병사들에게는 사탕이 지급되었는데, 사탕 대신 담배를 받게 했다. 그 담배를 모아 양로원에 선물하기로 했다. 그때는 담배가 몸에 해롭다는 상식이 전무했다. 어른에게 담배를 선물하는 것이 공경의 뜻으로 받아들여지던 때였다. 한편으로는 어려운 시절이어서 일반인들이 질 좋은 담배를 피우는 것도 쉽지 않았다.

몇 달 동안 폐품으로 모은 돈이 제법 되었다. 돈만 전달하지 않고 어르신들이 소일할 수 있는 것도 만들었다. 목재상에서 합판을 사서 장기판과 바둑판을 만들었다. 니스 칠을 하고 바둑알과 장기 알을 10세트씩 샀다. 그것을 준비하는 동안 내무반원들은 한결 돈독한 사이가 되었다. 1974년 5월 어버이날. 상계동의 서울시립양로원을 방문하여 화랑 담배 726갑과 정성으로 만든 장

기관과 바둑판, 그리고 성금을 어르신들께 전달했다.

나는 그해 10월 1일 국군의 날 국방부장관 표창장을 받았다. 일반 하사가 국방부장관 특별표창을 받는 일은 과거에 없었던 일이라며 모두가 축하해 주었다. 양로원의 어르신들을 위로한 것이 상 받을 일이 되다니, 우리 내무반원들과 함께 기쁨을 나누었다. 그리고 하나님께 감사드렸다.

전우신문에 기사가 났다. 그 후 국방부장관은 각 군부대에게 폐품 수집을 장려하고 각 지역 사회의 불우이웃 돕기에 힘쓰도록 육해공군 전군에 지휘각서를 보냈다. 전우신문에 기사가 실리고 크게 칭찬받은 우리 부대의 사기는 하늘을 찔렀다.

죽을병이라고 해도

나는 국방부장관 특별표창을 받은 후 부대에서 유명 인사가 되었다. 평소에는 나에게 관심을 보이지 않던 장교나 선임하사들도 특별대우를 했다. 어느 날 제대를 몇 달 앞둔 군종부 선임 최 병장이 찾아왔다.

"김 하사님. 저와 함께 외출 나갑시다."

처음엔 사양했으나 거듭 권해서 외출 신청을 했다. 최 병장은 양평 읍내 다방에 나를 데리고 들어갔다. 그곳엔 최 병장의 고향

너도 이와 같이 하라

친구인 여병장이 기다리고 있었다. 키도 크고 외모가 훤칠했다. 우리는 차를 마시고 갈빗집에 갔다. 최 병장은 모태신앙인이며 부잣집 아들이었다.

"안주가 좋으니 곡차 한 잔씩 합시다."

두 사람은 시원시원하게 술을 시켰다. 어릴 때부터 함께 교회를 다닌 두 사람은 놀라워하는 나에게 별일 아니라는 듯 술을 권했다. 나는 잠시 망설였다. 최 병장과 여병장처럼 멋있고 돈 많은 친구와 사귀고 싶은 욕심이 발동했다. 나는 곧 그들과 함께 술잔을 기울였다. 그날, 나는 화장실에서 토하느라 고생했다. 그 일이 있고 난 후부터 그 두 사람은 자주 나를 데리고 다녔다. 나는 하나님 앞에 죄송한 마음이 있었지만, 술 마시고 여가를 즐기는 즐거움에 길들어 갔다. 몇 달이 흐른 어느 날, 한밤에 배가 아프기 시작했다. 그다음 날은 숨 쉬는 것조차 힘든 통증이 왔다. 식은땀을 흘리며 괴로워하는 나를 본 의무대원이 사단 병원으로 급히 이송했다. 몇 가지 검사를 하고 X선 촬영을 했다. 그런데도 병명을 알 수 없다고 했다. 그 와중에도 통증은 멈추지 않았다. 곧이어 무시무시한 처방이 나왔다.

"이 항생제는 고단위 항생제인데 부작용이 생기면 5분 내로 사망할 수도 있어요."

위생병이 주사기를 들고 겁을 주었다. 그 위생병은 주사약을 내 눈에 한 방울 떨어뜨리고 부작용 여부를 확인한 후 엉덩이에

근육주사를 놓았다. 병명도 정확히 모르는 가운데 생명을 잃어버릴 수도 있는 치료를 28일간이나 받았다. 그러나 통증은 호전되지 않고 점점 더 심해졌다.

"김 하사. 안 되겠다. 서울에 있는 선배 의사에게 소개장을 써줄 테니, 그 병원에서 진료를 한번 받아 보자. 큰 병원이니 해결책이 있지 않겠나?"

의무참모의 말이 마치 사형 선고처럼 들렸다. 가슴이 쿵 내려앉았다. 하나님이 나를 징계하고 있다는 생각이 얼마 전부터 들기 시작했기 때문이었다. '이제 나는 어떻게 되는 거지?' 하나님께 너무 죄송하고 두려웠다.

소개장을 들고 서울행 버스를 탔다. 비어 있는 앞자리를 지나, 맨 끝자리 창가에 앉았다. 불안스러운 마음을 떨칠 수가 없었다. 무심한 버스는 험한 비포장도로를 달리며 나를 들었다 놨다 온몸을 흔들리게 했다. 그 진동 때문에 통증은 더 심해지고 식은땀이 계속 났다. 나는 견딜 수 없는 통증 때문에, 눈을 감고 두 손으로 아랫배를 움켜쥐고 몸을 웅크렸다. 한동안 정신없던 중에 유리창에 머리를 세게 부딪치고 눈을 떴다. 그때 차창 밖의 한 풍경이 나의 시선을 끌었다. 양수리 두물머리 근처였는데, 무덤같이 생긴 작은 섬 하나가 물 위에 떠 있었다. 작은 섬 정상에는 조그만 나무 몇 그루가 물빛과 하늘빛을 받고 푸른 잎을 빛내고 있었다.

'수많은 나무와 풀들이 팔당댐을 건설할 때 물에 잠겨 죽었는

　　　　　　　　　　　너도 이와 같이 하라

데, 높은 봉우리에 자리하고 있는 저 몇 그루의 나무는 물에 잠기지 않고 살아 있구나.'

순간 한 생각이 정신을 번쩍 들게 했다. 의사가 나에게 죽을병이라고 해도, 하나님께 의지하면 나를 살려 주실 것이라는 확신이 와 박혔다. 나는 병원장이 써 준 소개장을 찢어 차창 밖으로 날려 버렸다. 하나님을 등진 채 달콤함을 좇던 나를 자책하며 회개했다. 마장동 터미널에 도착할 때까지 눈물을 펑펑 쏟으며 회개 기도를 드렸다.

응답하신 여호와 라파

"연락도 없이, 어떻게 나온 거냐?"

아직 휴가 때가 아닌데 집에 들어서는 나를 보자, 어머니가 반색했다. 나는 부대 일로 출장 나왔다고 둘러댔다. 식구들에게 아프다는 것을 숨겼기에, 통증이 일어나도 입을 막고 참아야 했다. 긴 밤을 거의 뜬눈으로 새우고 주일 아침 예배를 드리기 위해 여의도 순복음교회로 갔다.

그날의 성경 말씀은 "주님을 믿는 사람에게는 이런 표적이 따를 것이다." 마가복음 16장이었다.

"아픈 사람에게 손을 얹은즉, 병이 나을 것이다. 믿고 기도합시다."

조용기 목사님은 설교하기 전에 여러 종류의 병명과 증세를 말했다. 그리고 아픈 곳에 손을 얹고 각자 기도하라고 했다. 나는 아픈 곳에 손을 얹고 간절한 마음으로 병 낫기를 기도했다. 예배 시간 내내 알 수 없는 큰 힘에 이끌려 계속 기도를 이어 갔다. 하나님께 나의 죄를 고백했다. 그리고 이름 모를 나의 병을 고쳐 주시면 죽을 때까지 주님께 충성하는 종이 되겠다고 서원했다. 1961년 크리스마스이브에 하나님께 올려 드린 약속을 꼭 지키겠다고도 아뢰었다. 온몸을 뒤틀며 눈물범벅이 되어 기도했다. 목사님의 설교가 끝나고 광고와 축도를 모두 마쳤지만, 나는 여전히 기도에 몰입하고 있었다. 성가대의 마지막 축복송을 들으며 성도들이 자리를 모두 빠져나갔을 때쯤 기도를 마쳤다. 내 주위에 앉아 있던 교인들에게 피해를 준 것 같아서 미안한 마음이 들었다. 바로 일어설 수 없던 나는 한참을 엎드려 있었다. 군복은 땀으로 푹 젖고 군화도 땀으로 축축했다. 온몸에 힘이 다 빠져나간 것 같았다. 맨 마지막에 겨우 일어서서 나오는데 성가대원들이 '주 하나님 지으신 모든 세계' 찬송가 40장을 불렀다. 찬송가가 향기처럼 온몸에 젖어 들었다. 나도 모르게 찬송이 입술에서 퍼져 나왔다. 나는 찬송을 따라 부르며 예배당 층계를 겅충겅충 뛰어 내려왔다. 예배드리러 갈 땐 여의도 순복음교회의 예배당 계단이 산 정상처럼 높게 느껴졌다. 층계를 올라갈 때 통증이 심해서 두 번이나 쉬었다가 올라갔다.

너도 이와 같이 하라

"우와! 이게 뭐지?"

내가 계단을 뛰어 내려오다니? 나의 병을 주님께서 치료해 주신 것을 깨달았다. 뛰어도 아프지 않고, 몸은 날아갈 것처럼 가벼웠다. 하나님은 나의 죄를 용서하시고 원인 모를 병에서 해방시켜 주셨다. 이후 그 병증은 한 번도 다시 나타나지 않았다.

하마터면 영창 신세

우리 부대 사병들은 길 건너편에 있는 5사단 사령부 교회에서 예배를 드렸다. 사단사령부 교회에 인사이동이 있었다. 월남에서 귀국한 목사님이 새로 부임했다. 체구는 작고 목소리는 가는 쇳소리를 냈다. 목사님은 설교 시간에 국방부 군종감실에서 보내주는 52주 설교집을 강단에서 읽었다. 예배에 참석하는 병사들은 은혜가 없다고 은근히 불만을 토로했다. 우리 내무반원 중 기독병사들을 인솔했던 나 역시 불만이 컸다. 결국은 내무반원들만 사령부 교회에 보내고 나는 양평 읍내에 있는 민간인 교회에 출석했다. 말씀에 은혜를 받자 갑갑하던 영혼이 날아갈 것 같았다. 그러던 어느 주일에 우리 부대에서 사단사령부 교회에 다니는 병사가 군종 사병 2명뿐이라는 사실을 알게 되었다.

"왜 너희 뿐이냐? 다른 애들은?"

대답하지 못하고 우물쭈물하는 녀석들을 다그쳤다. 내가 나간 다음 날부터 한 명 두 명씩 빠지게 되었다는 말에 큰 충격을 받았다. 나의 이기적인 생각으로 천하보다 귀한 영혼들을 방임했던 행실을 자책했다.

"하나님, 저는 이기적이고 교만한 사람입니다. 나 하나만 은혜 받겠다고 민간인 교회에 출석하는 동안 교회에 다니던 20여 명 병사들이 신앙에서 떨어져 나갔습니다. 군종병 2명만 사령부 교회에 남아 있으니, 모두가 저의 잘못입니다. 저를 용서하여 주십시오. 목사님께서 군종 설교집을 읽어도 또 무슨 말씀 하더라도 이 예배당에서 예배하는 모든 영혼에게 하나님 아버지께서 친히 은혜를 내려 주옵소서."

그날 저녁 사단사령부 교회에서 철저하게 회개하며 기도했다. 한참 큰 소리로 기도하는데, 군화 소리가 들렸다. 누군가가 예배당 통로를 걷고 있었다. 무슨 일인가 살폈더니 팔뚝에 빨간 줄 5개가 그어진 완장을 찬 야간 당직 사령관이 복도를 왔다 갔다 했다. 나는 다소 겁이 나서 당직 사령관이 그냥 돌아가기를 바랐다. 입에서는 여전히 큰 소리로 기도했다. 당직 사령관은 그냥 돌아갈 생각이 없는지, 더욱 군홧발 소리를 크게 내면서 기도하는 내 옆을 지나다녔다. 나는 기도를 마무리하고 자리에서 일어났다. 부동자세로 당직 사령관을 향해 경례를 하는데, 온몸이 떨렸다. 기도를 시작한 지 세 시간이 지나고 밤 11시가 넘어 있었다. 심야

　　　　　　　　　　　　　　너도 이와 같이 하라

시간에 상황실까지 고성이 들려 당직 사령관이 직접 찾아왔으니 보통 일이 아니었다. 근무지를 이탈했고, 취침 시간이 한참 지났기 때문이다.

"무슨 힘든 일이 있는가? 그래도 밤이 깊었으니 어서 내무반에 가서 쉬도록 하게." 당직 사령관은 5사단에서 신앙이 좋은 분으로 소문난 정보참모 중령이었다. 영락없이 영창 신세가 되겠구나. 벌벌 떨고 서 있던 내게 그분은 인자하게 말했다. 나는 걸음아 나 살려라 하고 우리 부대로 내달렸다.

다음 날 나는 교인 내무반원을 모두 집합시켰다. 그리고 수요 예배부터 사단사령부 교회로 인솔해 갔다. 군종참모 목사의 설교를 비판했던 죄를 회개해서 그런지, 예배는 감동을 주었다. 목사님은 변함없이 이전에 하던 대로 설교했을 뿐이다. 교만이 벗겨지니 다른 세계가 열렸다.

하나님의 은혜는 신비롭고 귀하다. 겸손하게 사모하는 사람의 심령에만 임하는 하나님을 체험했다. 그 후 나는 더 열심히 전도했다.

김 하사는 용감했다

어느 날 무식하면 용감하다는 말이 딱 들어맞는 사건이 일어났다. 사령부 교회를 솔선수범해서 열심히 전도하고 섬길 때였다. 어느 날 군종목사가 나를 찾았다.

"어이 김 하사, 다음 주일 대예배 때는 김 하사가 설교하게."

내가 열심을 내는 것이 기특해 보였는지 나에게 설교를 부탁했다.

"목사님. 저는 신학교도 다니지 못한 사람인데, 제가 어떻게 대예배 때 설교할 수 있겠습니까? 안 될 말씀입니다."

"아니야. 김 하사가 전도도 잘하고 기도도 잘하니까 다음 주일 설교를 하도록 해."

몇 번이고 사양했으나 목사님은 명령이라며 강권했다. 나는 고민이 되었다. 사령부 교회 주일예배에 나오는 사람은 사병을 포함 고위직 장교와 그 가족까지 약 400여 명이나 되었다. 처음엔 황망했으나 시간이 지날수록 점차 부담감이 커졌다. 군종참모의 명령이니, 안 할 수도 없는 노릇이었다. 할 수 없이 열심히 설교 준비를 했다. 드디어 주일, 내무반 병사들과 교회로 향했다. 강대상에서 내려다보니, 사령부 교회 목사님과 우리 부대 목사님이 앞에 앉아 있었다. 두 분의 목사님이 떡하니 지켜보는 자리에서 설교를 하려니 다리가 후들거렸다. 평소보다 더 많은 사람이 참석한 것일까. 예배당에 빈자리가 없었다.

내가 입대하기 전에 다녔던 모 교회의 목사님이 자주 설교했던 주기철 목사의 '일사각오'라는 예화를 들어 설교 내용을 기억나는 대로 정리했다. 24세 청년이 성경 지식이 있으면 얼마나 있겠

너도 이와 같이 하라

으며, 또한 설교로 은혜를 끼친들 그게 얼마나 됐겠는가. 그러나 내가 주기철 목사의 삶에서 얻은 감동과 그렇게 살기를 소망했던 내 마음의 다짐을 열정적으로 전했다. 기도로 단련된 목소리와 사명감으로 뭉친 나의 의지가 잘 전달되었던 것일까. 설교 중에 회중이 화답하는 '아멘'이 끊임없이 이어졌다. 그런데 모든 예배 순서를 마칠 즈음, 나는 어처구니없는 행동을 해 버렸다. 두 손을 높이 들고 성부와 성자와 성령의 이름으로 축도까지 냅다 해 버린 것이다. 나는 설교자가 당연히 축도까지 하는 것으로 생각했다.

그날 교인들은 은혜를 받았다고 인사했다. 그러나 설교는 단 한 번으로 끝났다. 축도가 문제였는지 목사님은 다시는 나에게 설교를 부탁하지 않았다. 그날의 축도 사건을 듣는 사람들은 한바탕 폭소를 터뜨리곤 한다. 그때를 생각하면 지금도 얼굴이 붉어진다.

신앙의 초석을 깔아 주신 스승

나의 신앙에 기틀을 심어 준 첫 스승은 고 최용문 목사님이다. 최 목사님은 첫째 기도를 많이 하는 분이다. 본인뿐만 아니라 교인들에게 강한 기도훈련을 시키기 위해, 예배당 지하에 개인 기도실을 여러 개 만들었다. 목사님은 성도들에게 기도의 본보기를 보여 주신 분이다. 둘째는 복음에 열정이 있었다. 새벽기도회부터 밤 예배까지 모든 설교 시간마다 혼신을 기울여 복음을 전했다. 셋째는 순교자의 신앙으로 무장된 분이다. 평양 산정현교회의 순교자 주기철 목사님의 일사각오 이야기를 설교 시간에 자주 인용했다. '언제든지 순교할 기회가 왔을 때를 놓치지 말아야 한다. 복되고 영광스러운 순교의 제물이 되도록 일사각오의 정신으로 항상 깨어 준비하고 있어야 한다.'고 역설했다.

나는 최용문 목사님께 귀한 영향을 받은 행운아다. 최 목사님이 시무하는 교회에서 중등부 전도사로 섬길 수 있었던 것도 큰 복이었다. 목사님이 병자 기도를 할 때 강력한 치유능력이 나타나는 것을 자주 보았다. 수많은 병자가 고침을 받고 기쁘게 신앙 생활을 이어 갔다.

"내가 손을 얹고 안수하지만 치료하는 분은 십자가에 못 박히신 예수님의 사랑의 손입니다. 주님께선 병자에게 손을 얹은즉 나으리라(막16:18절) 약속하셨습니다. 예수님이 책임을 져 주신다는 것입니다."

최 목사님은 병자를 위한 기도를 하는 사람은 병자를 사랑하고 불쌍히 여기는 마음을 키워야 한다고 늘 강조했다. 나는 개인 기도실에서 철야 기도할 때마다 어머니 구원을 위해 눈물로 기도했다. 40세에 홀로되어 가난과 어려움 속에서 살아온 어머니였다.

꼭 구원하여 내세에는 천국에서 영생복락을 누리게 되기를 간절히 기도했다. 그러던 어느 날 기도실에서 무릎 꿇은 채로 잠이 들었다. 새벽녘 꿈에서 어머니가 다리가 몹시 아프다고 했다. 어머니 다리를 주무르는데 허벅지가 탁구공처럼 부풀어 오르다가 소리 없이 터지더니, 구멍 난 허벅지에서 검은 연기가 마구 피어올랐다. 교회에서 돌아오니, 어머니가 다리가 몹시 아프다고 하셨다. 순간 나는 하나님이 어머니를 위해 기도하라는 뜻임을 깨달았다.

"어머니, 제일 아프신 데가 어디예요?"

어머니가 짚은 곳은 신기하게도 꿈에서 본 그 자리였다. 무릎을 꿇고 어머니의 허벅지에 두 손을 얹고 예수님의 이름으로 간절히 기도를 드렸다. 기도를 마치자마자 어머니가 통증이 없어졌다고 했다. 어머니의 신경통은 10년이 넘은 고질병이었다. 그 후 어머니는 신경통을 앓지 않았다. 건강하게 사시다가 2015년 91세에 소천했다.

나는 살아오는 동안 최 목사님의 가르침을 마음에 새겼다. 목사님이 하시는 대로 따라 했다. 최 목사님은 병든 자가 기도로 낫는 것은 내 손이 한 게 아니고, 나를 사용하는 주님의 역사임을 알게 하셨다. 하나님의 영광을 가로채는 도둑이 되지 않아야 한다고 늘 깨우쳐 주시며 기도훈련과 일사각오의 순교 정신 등 사명자로서의 길을 갈 수 있도록 인도하셨다. 교만에 빠지지 말고 겸손하라 이르시고 영혼을 사랑하는 마음, 병든 자, 약한 자를 사랑하는 마음을 심어 주신 참 스승이다.

'내가 그리스도를 본받은 것같이 너희도 나를 본받으라.'(고전 11:1) 평소 최 목사님은 이 말씀을 자주 인용했는데, 나도 이 말씀처럼 행하고자 애쓰고 있다.

오병이어의 기적을 일으킨 중등부

1974년 군대에서 전역했다. 그런데 전역하자마자 뜻하지 않은 일이 생겼다. 대조제일교회 최용문 목사님이 나를 전도사로 임명하는 파격적인 조치를 했다. 나는 중등부 전도를 맡게 되었다. 친구인 김 전도사가 중고등부를 섬기고 있었는데, 학생회가 크게 부흥하여 중등부와 고등부를 분리했다. 그 전도사역을 부여받기까지 김광근 전도사의 추천도 한몫했다. 전적으로 신학 공부를 하지 않은 나로서는 조심스럽고 두렵기도 했다. 하지만 하나님을 의지하고 용기를 냈다. 군대에서 6개월 동안 군종 목사가 공석일 때 군종 하사였던 나는 주일마다 예배를 인도했다. 3개 부대를 돌며 6백여 명의 장병들에게 천국 복음을 전했다. 나는 맡겨진 중등부 사역에 최선을 다했다. 어린 학생들이 눈빛을 반짝이며 말씀을 사모하는 모습이 응원과 격려가 되었다.

너도 이와 같이 하라

대조제일교회는 새 성전을 건축 중이었다. 그러나 재정이 부족해서 건축공사가 일시 중단된 상태였다. 골조 공사만 끝낸 지하실에 장의자를 들여놓고 천장에 전깃줄을 늘여 백열전구를 켜고 성인 예배를 드렸다. 교회가 성전 건축에 어려움을 겪고 있는 것이 안타깝고 마음 아팠다. 나는 기도를 쉬지 않았다. 요한복음 6장을 읽으며 우리 교회에도 오병이어의 기적이 일어나기를 간절히 기도했다. 주일 설교 후에는 성전 건축을 위한 통성기도를 드렸다.

"지금 우리 교회가 성전 건축 중인데 어려움이 많습니다. 우리가 교회를 사랑하는 마음으로 기도하였으니, 실천하여 행함이 있는 신앙인이 됩시다. 예수님께 오병이어를 드렸던 소년과 같이 우리도 정성을 다하면 좋겠습니다. 다음 주일에 우리가 할 수 있는 대로 무엇이든 정성껏 준비해 오십시오."

기도를 마친 후 학생들에게 광고했다. 일주일 동안 나는 특별기도를 드리며 성령께서 역사해 주시기를 간구했다. 다음 주일, 나는 드릴 수 있는 헌금을 준비하고 또 다른 봉투에는 값이 꽤 나가는 나의 손목시계를 넣었다.

교회에 나가서는 학생들이 준비해 온 건축헌금을 모았다. 학생들의 정성이 너무나 귀했다. 헌금을 담아 온 봉투, 여러 개의 돼지 저금통, 만년필, 시계, 금반지 등 돈이 될 만한 물건들을 헌물로 가져온 것이다. 어린 학생들의 정성을 보신 최 목사님은 감동이 되어 축복기도를 했다. 장년부 예배 시간에 중등부의 헌금과 헌물을 강대상 위에 펼쳐 놓고 힘을 내자고 촉구했다.

"우리 어른들이 회개합시다. 우리 교회 학생들이 기도하며 성전 건축에 정성을 모았는데, 우리도 본받아야 하지 않겠습니까."

마침내 교회 안에서 오병이어의 기적이 일어나기 시작했다. 보리떡 다섯 개와 물고기 두 마리를 주님께 드린 어린아이의 헌신이 중등부에서부터 촉발되면서 열매를 맺게 했다. 이후 오랫동안 중단되었던 대조제일교회의 예배당 건축공사를 무사히 마무리했다. 중등부 청소년들은 교회에 대한 특별한 사랑을 담아 특별 헌당 예배를 드렸다. 성령의 역사를 경험하는 귀중한 기회였다.

쫓겨나 보니 맷집이 생겼다

나는 사도 바울을 좋아하며 그 삶을 동경했다. 아들이 태어나면 바울이라 이름을 지어 주고 싶었다. 결혼 1주년에 첫아들 바울이 태어났다. 아이가 태어나면서 우리 가정의 생활이 달라지기 시작했다. 직장에 다니던 아내는 바울이 8개월쯤 되었을 때, 육아를 위해서 퇴직했다. 그러자 당장 생활이 어려워졌다. 마침 겨자씨선교회 사역에 적극적으로 도움을 주던 S 목사님으로부터 청빙 소식이 왔다. 그때 S 목사님은 미국 유학을 준비하고 있었다. 목

너도 이와 같이 하라

사님은 미국 유학이 끝날 때까지 교회를 맡아 달라고 했다. 잘 부탁한다는 말씀에 감동한 나는 S 목사의 말씀을 따르기로 했다.

서울 수유리에 위치한 그 교회는 백여 명의 성도가 예배에 참석했다. 예배당 옆에 딸린 상가 건물을 교육관으로 사용 중인데 그곳에 방 한 칸을 들여서 사택으로 사용토록 했다. 유학을 떠나기 전까지 목사님은 주일 낮과 밤 설교를 담당하셨다. 나는 새벽기도회와 수요예배, 금요기도회와 교인 심방을 담당했다. 본격적인 목회사역을 시작하면서 맡은 자가 취할 것은 오직 충성이라는 말씀을 마음에 다지면서 열심을 냈다. 3개월이 지나자, 수요일 저녁 예배에 주일 저녁 예배보다 교인들이 더 많이 출석하고 헌금도 더 많이 내는 현상이 일어났다. 어느 날 목사님이 차 한잔하자 하셨다.

"김 전도사가 우리 교회에 오면서 교회가 부흥하기 시작하니 참 감사합니다. 부탁하고 싶은 것은 소년원 선교를 그만하고 우리 교회 사역에만 집중했으면 좋겠어요."

갑작스러운 목사님의 말씀에 당황했다. 3개월 전 청빙을 받을 때 이미 소년원선교를 계속한다는 조건을 수락했었다. 나와 겨자씨선교회 동역자들은 매사에 항상 자신이 넘치고 명쾌하게 강의하는 S 목사님을 존경했다. S 목사님은 바쁜 중에도 서울소년원 고봉소망교회에서 말씀을 전하시고, 음식도 대접하면서 따뜻하게 우리 겨자씨 동역자들을 격려하고 비전을 제시해 주신 분이다.

"목사님도 아시잖습니까? 하나님께서 제게 소년원선교에 사명을 주신 것을요. 그렇게 할 수는 없습니다."

S 목사님은 내가 소년원선교를 그만둘 수 없다면 교회를 떠나길 원했다. 우리 부부는 정들었던 성도들과 작별했다. 얼마 후 S 목사님이 그 교회를 매각하고 미국으로 갔다는 풍문이 들렸다.

충주소년원 선교할 때였다. 교통이 발달하지 않은 때라서 오고 가는 시간이 무척 많이 소요되었다. 차를 몇 번씩 갈아타는 수고를 들여야 했다. 그래서 충주 시내에 있는 교회의 교육전도사를 맡아 시무했다. 교회 사택으로 이사할 약속이 되어 준비차 아내와 함께 출석했다. 그날 나는 여전도회 헌신예배에서 설교했다. 그런데 예배가 끝나도 성도들이 돌아가지 않고 모여들었다. 큰 은혜의 예배였다며 이것저것 물어보는 성도들이 많아서, 늦은 시간까지 머물렀다. 우리가 이사하기로 된 집은 담임목사님이 거처하는 주택의 위층에 있는 방 한 칸이었다. 다음 날 아침이 되자, 목사님이 나를 불렀다.

"김 전도사님, 이사하는 것을 그만두시는 것이 좋겠습니다. 전도사님같이 유능한 분을 이 시골 교회에서 붙잡는 게 도리가 아닌 것 같습니다."

나는 아차 싶었다. 이미 마음을 정하고 하는 통보였다. 이사 준비도 다 끝냈는데 낙심이 되었다. 그 후 그 교회의 집사들이 찾아와서 나만 허락한다면 교회를 세우겠다는 의견을 제시했다. 나는

너도 이와 같이 하라

소년원선교가 내게 준 하나님의 뜻이라며 거절했다.

1982년 춘천소년원을 섬기고 있었다. 나는 동역하는 교회에 출석하면서 모든 예배에 참석했다. 먼 거리에 사는 교인들이 많아서 그런지, 철야 예배에 나오는 교인이 적었다. 안타까워하던 나에게 철야 예배 인도를 맡겼다. 뜨겁게 기도하며 부르짖어 기도할 때, 성령께서 우리의 잠자던 영혼을 깨우셨다. 그때까지 10여 명의 성도가 철야 예배를 지켰는데, 예배에 불이 붙은 것인지 성도들이 조금씩 늘어났다. 그리고 기도를 사모하는 성도들이 70여 명으로 불어났다. 철야 예배에 부흥이 일었다. 주일에는 남전도회 회원들에게 성경 말씀을 가르쳤다.

사람은 스스로 좋아하는 일을 하면, 아무리 힘들어도 이겨 낼 수 있고 신바람이 나게 돼 있다. 어디서 그런 열정이 나왔을까. '김 전도사는 진액을 다 짜서 바치는 사람'이라며 주위에서 오히려 걱정했다. 시간 가는 줄 모르게 몇 개월이 흐른 어느 날이었다. 아무 이유도 없이 철야 예배 인도를 중단하라는 전갈이 왔다. 그리고 성경공부도 그만두게 했다. 좌절감이 컸다. 공허하고 허탈했다. 흔들리는 마음을 기도로 다잡았다. 겨자씨선교회만의 공간을 마련하는 계기가 되었고, 1988년 그 교회를 떠나게 되었다.

살아갈 소망마저 끊어진 고난의 경험을 수도 없이 경험했던 바울 사도는 고린도 교회 성도들에게 '이는 우리로 자기를 의지하지 말고 오직 죽은 자를 다시 살리시는 하나님만 의지하게 하심이라'(고후1:9)고 편지했다.

핍박과 고통을 견디는 자에게 주시는 말씀이다. 성경엔 온갖 시련을 겪었던 믿음의 인물들이 있다. 그들도 흔들리지 않는 믿음이 있었지만, 고난의 때마다 상처 받은 마음과 씨름했고 그것에서 벗어나기까지 힘겨워했다. 여러 위기는 믿음을 검증받는 고난의 통과절차라는 것을 비로소 깨닫는 것이다. 나는 영문도 모른 채 3번이나 쫓겨났다. 좌절했으며 괴로웠다. 그러나 한 번 두번 세 번 거듭되는 시련에 맷집이 생겼다. 그 기간을 통해 위기에 대응하는 힘이 저절로 길러졌다. 그뿐만 아니라 일반목회 현장에서 배척당하면서 소년원선교에 대한 사명감을 더 확고히 했다. 흔들리지 않는 믿음의 기도가 성령 하나님을 더 뜨겁게 사모하게 했음은 물론이다.

내 나름의 까닭은

나는 한국 독립교회 선교단체 연합회의 제1회 목사 안수식에서 목사 임직을 받았다. 1998년 12월 11일 49세 때였다. 동기생 중 나이가 가장 많았다. 가끔 목사안수가 왜 이렇게 늦었냐고 사람들은 묻는다. 거기엔 내 나름의 까닭이 있었다. 합동 측 개혁신학교를 졸업하고 일찍이 신학 공부는 다 마쳤었다. 내가 만약 목사 임직을 받으면, 큰 교회에서 좋은 조건을 제시하며 담임목사로 청빙이 오리라 기대했다. 그렇게 되면 소년원 아이들을 두고 떠나게 되지 않을까 하는 염려 때문에 스스로 목사 임직을 미루어 왔다. 나를 믿을 수 없기 때문이기도 했다.

우리 고봉의 아이들은 대다수가 부모에게서 버림받았거나 학교에서 퇴학당한 아이들이다. 내가 목사 임직을 받고 일반목회를 위해 떠나 버리면 고봉소망교회의 아이들이 낙담할 것 같았다. 마치 항구에 닿은 배가 닻을 내리고 항구에 배를 단단히 묶어 두는 것처럼 내가 소년원 사역에서 멀어지지 않게 안수를 늦추었다. 이런저런 갈등 없이 내가 소년원에서 저들을 지켜 주고 천국 복음을 전해 주려면, 내가 목사 임직을 받지 않는 것이 가장 현명한 방법이라고 판단했다.

선교사 직분으로 20년 동안 사역했다. 함께하는 후배 동료들의 권유도 있던 데다 하늘의 뜻을 알아듣는 지천명인 50세가 가까웠기에, 이제 목사안수를 받아도 흔들리지 않을 것 같았다. 내가 소년원 선교사역자인 것도 널리 알려졌기에 목사 임직을 받아도 나를 청빙하는 교회가 없을 것 같았다.

서울 양재동에 있는 횃불회관 사랑성전에서 12명의 목사 안수식이 성대하게 거행됐다. 한국교회 안에서 권위 있는 목사님들이 안수 위원이었다. 사명감을 다지고 충성을 서약하는 순서로 진행했다. 경건한 분위기에 가슴이 벅차올랐다. 뒤늦게 받는 목사 임직을 하나님께서 보상이라도 하시듯, 여러 교회와 전국에서 온 축하객들이 참석했다.

"목사님 축하하러 온 분들이 하객의 절반은 되는 것 같습니다."

젊은 목사 한 분이 웃으며 말했다. 과분한 축하를 받고 보니 잘 못 살지는 않았나 보다 생각되었다. 이제는 내가 양육한 고봉소망교회의 아들들에게 내 손으로 세례를 베풀 수 있게 되었다. 그동안 소년원교회에서 아이들에게 세례를 주려면 어려움이 많았다. 날짜도 맞추어야 했고, 목사님을 섭외하는 과정에서 여러 조건이 맞아야 했다. 목사안수를 받은 이후, 나는 더욱 단단하게 하늘에 내 마음 줄을 맸다.

2장

사명의 길

겨자씨선교회를 창립하다

1977년부터 일주일에 하루를 삼각산에서 온밤을 새우며 간절하게 기도했다. 청년 때 예수 그리스도의 철야기도를 본받기 위해서였다. 야간 통행금지가 있던 때였다. 덕분에 1982년 1월 6일 해제되기까지 밤 10시부터 새벽 5시까지 기도하는 것이 철야기도의 전통 아닌 전통이 되었다. 함께 가던 일행은 예수 복음으로 마음이 뜨겁게 타올랐던 신학생들이다. 우리는 찬양하고 부르짖어 기도하는 것으로 칠흑 같은 통금의 밤을 뚫었다.

1978년 12월 1일 서울 남태령에 자리한 등대기도원에서 겨자씨선교회를 창립했다. 나와 가까이 지내던 신학생 12명이 밤을 새워 철야기도를 하던 중에 창립에 대한 불씨가 일었다. 나는 주님의 부르심을 받은 뒤 신실한 종이 되고자 다짐해 왔다. 하나님이 기뻐하는 일이 무엇일까를 생각하며, 그 일을 위한 선교회를 세우고자 오래전부터 기도했다.

"우리는 작은 겨자씨 한 알처럼 한없이 작고 이름 없는 신학생들입니다. 우리 모임 또한 지극히 작은 모임으로 시작합니다."

1부 예배를 마치고 동료들에게 우리가 세우는 선교회의 명칭을 정하자고 제안했다. 세계복음선교회 또는 여호수아선교회로 하자는 등 각자 큰 꿈을 담은 명칭을 내어놓았다. 동료들의 의견을 모두 듣고 살핀 후 성경을 펴고서 마가복음 4장 30-32절을 읽었다.

"또 이르시되 우리가 하나님의 나라를 어떻게 비교하며 무슨 비유로 나타낼까. 겨자씨 한 알과 같으니 땅에 심길 때는 땅 위의 모든 씨보다 작은 것이로되 심긴 후에는 자라서 모든 풀보다 커지며 큰 가지를 내나니 공중의 새들이 그 그늘에 깃들일 만큼 되느니라."

겨자씨는 봄에 싹이 나서 한 해 동안 자라나는 1년생 식물이다. 가장 작은 씨앗이 자라나서 모든 풀보다 커지며 공중의 새들이 그 그늘에 깃들일 만큼 된다고 말씀하셨다. 우리가 하나님의 뜻을 순종하기만 하면 우리가 세우는 선교회는 크게 자라나서 주님께 쓰임받게 될 것이다. 특별히 공중의 새들처럼 외로운 사람들이 우리 선교회에 와서 쉼을 얻고 양육받을 수 있게 된다면, 오늘 밤 우리를 이 자리에 모이도록 인도하신 하나님께서 훗날 크게 기뻐하실 것이다. 나의 제안에 동료들이 만장일치로 동의해서 '겨자씨선교회'가 창립되었다. 선교회의 정관도 마련하고 앞으로 겨자씨선교회 사역을 어떻게 펼쳐 나갈 것인가 등을 의논했다. 모사가 많으면 경영이 이루어진다고 했다. 그날 한마음이 되어 기도하며 온밤을 새워 지혜를 모으자 제법 틀이 갖춰졌다. 창립의 기틀을 위한 열띤 회의를 마치고 이른 새벽 밖으로 나가니, 새하얀 눈이 어둠을 털어 내고 있었다. 나뭇가지와 예배당 지붕에 쌓인 눈으로 온 세상이 순백으로 변해 있었다. 하나님 아버지가 '겨자씨선교회' 창립을 위해 하늘에서 하얀 꽃가루를 뿌리시는 듯 했다.

그때 함께했던 12명의 신학생은 각자의 사명대로 세월의 흐름에 따라 흩어졌으나, 나는 현재까지 겨자씨선교회를 지키며 주님이 맡기신 일을 감당하고 있다. 내가 천국에 간 뒤에도, 겨자씨선교회의 사역은 계속 이어질 것을 의심치 않는다. 하나님의 일이기에 누군가를 세우시고 일하실 것이다.

"예수께서 기도하시러 산으로 가사 밤이 새도록 하나님께 기도하시고 밝으매 그 제자들을 부르사 그중에 열둘을 택하여 사도라 칭하셨으니"(눅6:12-13)

네 편, 내 편 때문에

겨자씨선교회가 창립된 후, 제일 먼저 한 일은 노방전도였다.

보육원에 교회를 세우고 복음을 전했다. 보육원 세 곳에 교회를 세우고 섬겼다. 선교회 창립 회원이면서 특별히 기도를 많이 하는 유창무 전도사를 서울 은평구 보육원 담임 전도사로 파송했다. 유 전도사는 주일과 수요일 예배뿐만 아니라 매일 새벽예배를 인도했다. 아이들은 나날이 예배드리는 것을 좋아했다. 몹시 추운 날씨에도 결석하는 아이들이 없었다. 쉼 없이 함박눈이 내리는 날에도 새벽에 잠이 덜 깬 눈을 비비며 예배당으로 삼삼오오 모여들었다.

또 보육원 어린이들은 거자씨 회원들이 방문하는 주일을 손꼽아 기다렸다. 우리가 가면 서로 먼저 품에 안기려고 마치 달리기 선수처럼 달려오곤 했다. 수줍음 타는 아이들은 먼저 달려와서는 품에 안기지 못하고 주위를 맴돌기만 했다. 손을 내밀어 덥석 안으며 '잘 지냈느냐.' 볼을 비비면, 눈물 맺힌 눈을 마주치지도 못하고 고개만 끄덕였다. 시대가 아무리 발전해도 부모가 없는 수용시설에서 생활하는 아이들은 좀체 줄어들지 않는다. 보육원에서 외로움을 타는 아이들의 눈망울을 볼 때마다 마음이 저릿했다. 아이들은 누구나 티 없이 밝게 자라야 할 권리가 있다.

1970~1980년경에는 보육원의 형편이 좋지 않았다. 보모 한 사람이 20명 내외의 아이들을 담당했다. 아이들에게 복음을 전하면서 아이들과의 관계가 돈독해지자, 아이들 역시 잘 따랐다. 그런데 나이 지긋한 한 보모가 우리의 사역을 탐탁하게 여기지 않았

너도 이와 같이 하라

다. 노골적으로 타박하며 곤란하게 하는 일이 빈번했다. 그러던 어느 날 밤이었다. 그날 보모들은 아이들을 재워 놓고 식당에 딸린 방에 모여 오락시간을 가졌다. 자정이 넘은 시각에 각각 숙소로 돌아가던 참에 유아 방에서 소리가 났다. 늦은 시간까지 5세 진영과 3세 영진 남매가 무릎을 꿇고 기도하고 있었다. 그날 보모는 12시가 넘은 시각에 간절히 기도하는 남매를 보면서 창가에 선 채 회개 기도를 드렸다. 다음 날 조회 시간에 원장님과 모든 직원 앞에서 그 보모는 간밤의 일을 전했다.

"저도 이제 예수님을 전하는 일에 앞장서겠어요."

복음의 방해자가 동역자로 바뀐 이후 보육원의 직원들도 우리의 사역을 잘 도와주어서 보육원 교회가 크게 부흥되었다.

'호사다마'라는 말이 있다. 좋은 일에는 흔히 방해되는 일이 많다는 뜻이다. 보육원 이사의 대부분이 지역에 있는 감리교 장로였다. 지역교회에 나가던 아이들이 출석하지 않게 되자, 장로들이 문제를 제기했다.

"감리교 재단인 보육원에 어찌해서 타 교단의 신학생들이 와서 교회를 지도하고 있습니까? 보육원 식구들이 우리 교회에는 출석하지 않으니, 이 문제를 바로잡아야 합니다."

그들의 압박으로 보육원 원장과 직원들의 마음이 흔들렸다. 결국 우리는 보육원 교회에서의 마지막 예배를 드릴 수밖에 없었다. 아이들과는 정이 들 대로 들었는데 헤어져야 한다니, 슬퍼하는 아이들과 부둥켜안고 소리 내어 울었다. 그 후 아이들에 대한 생각이 한동안 수그러들지 않았다.

하나님의 복음을 전하는 일에 어떻게 네 편 내 편이 있어야 할까? 교회에서조차 편 가르기가 용인되는 현실이 씁쓸했다. 고아의 아버지 하나님(시68:5)께서 우리 아이들을 사랑해 주시고, 그들의 필요를 채워 주시기를 기도할 뿐이었다.

문을 두드리라

"부원장님. 철이가 예배에 나오지 않는데, 무슨 일 있나요?"

보육원 중고등부 학생 중에서 갑자기 예배에 나오지 않는 아이들이 있었다. 부원장은 한숨을 몰아쉬며 속상해했다. 다름이 아니라 철이가 가출한 후 물건을 훔치다가 잡혀서 소년원에 가 있다는 것이었다. 공부에 재능이 없는 아이 중에서 선배들에게 비행을 강요받고 괴롭힘을 당하다가 결국엔 아무 대책도 없이 보육원을 떠나게 되는 경우가 종종 있었다. 상철이도 그중 한 명이었다. 가출한 아이들 대다수가 자의 반 타의 반으로 범행에 물들어 소년원에 수용되곤 했다.

부원장님의 말씀을 듣고는 마음이 무거워졌다. 보육원에서 성장하는 것도 힘들고 서러울 텐데 소년원에 들어가는 것이 못내

너도 이와 같이 하라

마음에 걸렸다. 무관심과 결핍에 노출된 소년들은 소년범죄에서 그치지 않고 성인이 된 후에 교도소에 가는 경우가 다반사였다.

나는 불광동의 서울소년원에 찾아갔다. 상철이를 면회할 겸 소년원에 대해서도 알아보고 싶었다. 소년원에서 생활하고 있는 아이들이 예수님을 만나야 소망이 있다는 생각이 자꾸 들었다. 불광동 소년원에 600명에 이르는 청소년들이 수용되어 있다는 직원의 설명에 나는 또 한 번 충격을 받았다. 이 아이들에게 소망은 복음밖에 없다는 마음이 더욱 강해졌다. 그날 나는 예배에 대해 여러 가지 질문을 했다. 정기적인 예배가 없고, 가끔씩 위문행사는 있다고 했다. 나는 소년원생들을 위해 예배를 인도하고 성경 말씀을 가르치고 싶다고 했다. 그러자 그 직원이 교무과장에게 안내했다. 교무과장은 또 즉석에서 원장 집무실로 나를 안내했다.

원장님은 호탕하게 웃으면서 반겼다. 마치 기다렸다는 듯, 당장 예배를 드려도 좋다고 했다. 별 어려움 없이 너무나 쉽게 선교의 문이 열렸다. 길 잃은 어린양을 찾아 나섰던 우리 주님께서 이 일을 예비하시고 인도하셨다는 확신이 들었다.

소년원에서의 선교를 허락받고 난 뒤, 겨자씨선교회 회원들과 함께 하나님의 지혜를 구하며 일명 '잃은 양 찾기' 프로젝트 시행에 들어갔다. '기도 외에는 이런 유가 나갈 수가 없다.'는 말씀을 마음에 새기고 늘 기도했다.

불광동 소년원에서 처음 예배를 드리던 날이었다. 서울소년원 대강당 집회에 모인 소년원생들이 족히 5백여 명은 되어 보였다. 모두가 똑같은 베이지색 작업복을 입고 가슴에 명찰을 달고 있었다. 번호를 붙이는 교도소와 다른 점이었다. 강당 안에 가득 찬 어린 소년원생들의 표정은 그리 밝지 않았다. 나는 말씀을 전하기 위해 강단에 올라갔으나, 목이 메고 가슴이 답답해져서 한동안 침묵하며 서 있었다.

"하나님 아버지, 다윗왕이 시편 27편 10절에서 '내 부모는 나를 버렸으나 여호와는 나를 영접하시리이다.'라고 고백했던 것처럼, 길 잃은 이 아들들의 영혼을 구원하여 주옵소서."

이 세상에서 부모의 사랑을 받지 못하고 무관심 속에 내몰린 아이들을 하나님의 아들로 삼아 천국의 소망을 주시라고 간절히 기도했다. 예배를 마치고 나오는데 아이들이 따라 나오며 다음 주에도 꼭 와 달라고 손을 흔들며 배웅했다. 아이들의 인사를 받으며 마음이 뜨거워졌다. 매 주일 말씀으로 양육하여 흔들리지 않는 믿음의 용사를 키워 내는 전문적인 교회로 세우고 싶은 소망이 불처럼 일었다.

"구하라 그리하면 너희에게 주실 것이요 찾으라 그리하면 찾아낼 것이요 문을 두드리라 그리하면 너희에게 열릴 것이니"(마 7:7)

너도 이와 같이 하라

내가 가야 할 좁은 길

내가 신학 공부를 하고 있던 1970년대 후반에는 '전문가 시대'라는 말이 유행했다.

"여러분들이 목회할 때는 각자 은사와 사명에 따라서 전문적인 사역을 하게 될 것이다. 예를 들면 설교 목사, 교육 목사, 음악 목사, 상담 목사 등 세분화된 전문가들이 모여 팀 사역을 하게 될 것이다."

교수님의 강의 말씀이 마음에 꽂혔다. 그때는 충주소년원 사역을 하고 있을 때였다. 겨자씨선교회의 주력 업무인 소년원 사역을 하던 나는 교수님의 강의를 듣고 나니, 나로 향한 하나님의 뜻이 더욱 궁금해졌다.

"하나님께서 택한 종이니 제가 앞으로 나아갈 길을 안내해 주십시오. 전문가 시대에 맞춰서, 오직 하나님만을 기쁘시게 하는 일에 평생 헌신하기를 원합니다."

밝히 보여 달라고, 매일 밤 제목을 세우고 기도했다. 그런데 기도할 때마다 오직 한 말씀이 내 마음에 고였다.

'좁은 문으로 들어가라 멸망으로 인도하는 문은 크고 그 길이 넓어 그리로 들어가는 자가 많고 생명으로 인도하는 문은 좁고 길이 협착하여 찾는 자가 적음이라.'(마7:13-14)

그럴 때마다 내가 구원받은 성도로서 아직도 순례자의 길에 들어서지 못한 것인가 싶어 불안했다.

"이 말씀은 멸망으로 인도하는 세상의 넓은 길로 가지 말고, 성령으로 인도하는 구원의 좁은 길로 가라는 예수님의 가르침이지 않습니까? 기도할 때마다 무엇 때문에 이 말씀을 생각나게 하십니까?"

밤새워 기도하던 어느 날이었다. 성경을 읽는데 한순간 깨달음이 왔다.

"아하, 이것이 나에게 말씀하시는 좁은 길이구나."

늘 읽던 신약성경의 사복음서를 통하여 의문을 가졌던 문제가 환하게 풀렸다.

'구하라. 그러면 너희에게 주실 것이다. 찾으라. 그러면 너희가 찾을 것이다. 문을 두드리라. 그러면 너희에게 열릴 것이다.' 이 말씀(마7:7)이 훅 들어온 것이다. 목회자들이 사역지를 찾을 때 찾는 자가 적은 곳, 다른 목회자들이 기피하는 사역지를 찾아가야 한다. 내가 그 사역을 감당하는 것이 좁은 길로 가라 하신 주님의 뜻임을 순간 알아차렸다. 좁은 길로 가라시는 주님의 말씀이 내 생각과 달라서, 마음속에 한동안 충돌이 일었다. 나는 신학을 공부하면서 목사가 되기만 하면 큰 교회를 담임하여 폼 나게 목회할 것이라 기대했다. 신학을 공부하는 대다수의 목회자 지망생들도 아마 어느 한 순간 나처럼 무지갯빛 꿈을 꾸었으리라.

내가 기도하면 '예수님은 어떻게 살았나?'를 물었다. 예수님은 세상에 오실 때 마구간에서 태어나고, 가난한 목수의 가정에서 성장했다. 공생애 3년 동안 항상 가난한 사람, 고아와 과부, 병든 사람, 창기와 죄인들을 사랑하셨다. 세상에서 소외된 그들을 섬기고 구원하는 일을 행했던 것을 깨닫게 해 주셨다.

"예수님을 닮아 가는 제자가 되겠습니다. 저의 생각과 욕심을 버리고, 오직 주님의 뜻에 순종하겠습니다."

그날부터 나는 평생을 바쳐 주님께 헌신해야 할 일, 그 좁은 길이 무엇인지 집중적으로 찾기 시작했다.

버림받은 청소년을 마음에 품다

내가 가야 할 좁은 길이 어떤 것인지 깨닫고 난 뒤, 그동안 얼마나 잘못된 생각을 품고 살았는지 철저하게 회개했다. 하나님의 종으로 부름을 받는 자가 어찌 자기의 생각을 주장할 수 있는가? 종은 주인이 시키는 대로 사는 것이 마땅한 자세인 것을. 창조주이시고 성자 하나님이신 예수께서 '인자의 온 것은 섬김을 받으려 함이 아니요 도리어 섬기려 하고 자기의 목숨을 많은 사람의 대속물로 주려 함이니라(막10:45)' 가르쳐 주신 말씀을 읽으면서 다시 한번 정리가 되었다.

그동안 주 안에서 하던 일은 노방전도, 고아원, 병원, 유치장, 구치소, 소년원 등 여러 가지 사역에 동참하고 있었다. 그 대상자 중에서 가장 소외되고 불쌍한 사람들이 누구인가를 헤아려 보았다.

보육원, 양로원, 병원 등은 찾아가는 사람이 많다. 따라서 그들은 필요할 때 적절한 도움과 관심을 받을 수가 있다. 하지만 소년원생들은 일반인들과 격리 수용돼 있기에 도움의 손길이 적절한 때에 닿지 못한다. 거기에 비행소년이라는 딱지가 붙어 사람들은 외려 그들을 외면하고 손가락질한다. 소년원에 수용된 아이들은 부모에게 버림받았거나 열악한 환경 때문에 거리를 방황하던 작고 여린 생명체들이 대부분이다. 그중엔 어머니가 없거나, 아버지가 교도소에 수감되어 있거나, 보호자가 행방불명 또는 중병으로 투병 중인 경우도 있었다. 대다수가 가정에서 따뜻한 보살핌을 받지 못했거나 심지어 가족이 면회조차 오지 않는 아이들도 많았다.

우리나라 최초의 소년원은 일제 강점기인 1942년에 세운 서울의 경성교정원이다. 1945년에는 교정원이 소년원으로 개칭되었으며, 1988년 소년원법으로 전면 개정되었다. 2007년 12월 「보호소년 등의 처우에 관한 법률」로 개정되었다. 2000년에는 전국의 소년원이 지역에 따른 수용시설이 아닌 특성화 학교로 거듭났다. 2024년 현재까지 법무부 사회복귀 정책국 소속 특수교육기관으로 '학교'라는 명칭을 사용하고 있다.

소년원 제도는 수용된 소년을 형사사법으로 낙인찍지 않고 보호하고 개선시켜 사회에 복귀시키는 데 그 목적이 있다. 소년 법정에서 보호처분 선고를 받은 소년들을 교정교육 하는 것이 주요 임무다. 국가가 부모를 대신해서 직접 관심을 담아 훈육하는 과정이다. 소년원은 남녀 따로 분리 수용하며, 만 14세 이상 만 19세 미만의 소년들로서 법원의 선고를 받은 아이들이 그 대상이다. 현재 우리나라에 이러한 시설은 서울을 비롯해 전국 대도시를 중심으로 10개가 있다. 형사 법정에서 용서받았기에 전과 기록은 남지 않는다. 형벌의 집행을 그 목적으로 하는 교도소와는 다른 기관이다.

학교에 재학 중인 학생이 소년원에 들어온 경우엔 자퇴 또는 퇴학당하지 않는다. 소년원에 있는 동안 출석이 인정되며, 학업을 마치면 소년원 소속 학교의 졸업장은 전수식을 통해 받을 수 있다. 또한 학령이 맞지 않는 소년원생은 고입과 대입 검정고시 응시가 가능하다. 대학 진학을 목표로 공부한 원생들은 대학수학능력시험도 응시할 수 있게 배려한다. 자격증 취득을 위해 기술 직업학교도 운영하고 있다. 그러나 보호처분 중에서 가장 무거운 8호부터 10호까지의 소년원은 탈주를 방지하기 위해서 24시간 CCTV 감시를 하는 등 철통 보안을 유지하며 매우 엄격하게 관리한다. 자해 등의 사고 방지를 위해 취침 시간에도 불을 켜 놓는다. 기본적으로 청소년을 보호하고 교화하기 위해 따로 마련된 시설일 뿐, 사실상 자유를 통제받는 구금 생활인 것이다.

세상 사람들은 소년원생을 불량청소년이라고 정죄하지만, 그들은 불량청소년이기 이전에 불행을 겪은 청소년으로 바라보는 시각이 우선돼야 한다. 하나님께서 고아의 아버지시라(시68:5) 말씀하셨고, 예수님께서는 죄인을 구원하러 오셨다(눅5:32)고 말씀했다.

나에게 주어진 좁은 길은 소년원선교였다. 저들을 마음에 품고 가라는 주님의 명령 같았다.

옴병이 무서워서

겨자씨 회원들은 소년원교회를 시작하고 열의가 넘쳤다. 1979년 3월 4일 드디어 서울소년원에서 첫 주일예배를 드렸다. 예배 후 분반해서 성경 가르치는 과정에는 여러 선생님이 필요했다. 우리 회원들이 각각 섬기는 교회에서 청년 헌신자들을 지원하게 했다. 차츰 서울소년원 교회의 주일학교가 제법 틀이 잡혔다. 담임 선생님들이 아이들을 사랑으로 섬기니, 아이들도 활발해지고 적극적으로 바뀌었다. 무엇보다 밖에서 생활할 때 교회에 다녀본 적이 없던 소년원생들이 예수님을 영접하는 일들이 매주 일어났다. 주일마다 정기적인 예배를 드리고 성경을 체계적으로 공부하면서, 아이들의 믿음도 쑥쑥 자랐다. 믿음으로 새롭게 살겠다

너도 이와 같이 하라

고 다짐하는 아이들에게 성령께서 임한 것이다. 원내에서의 사고도 줄어들었고, 사납게 굴던 아이들의 말투도 많이 순화되어 갔다. 그동안 서울소년원의 아이들은 외부에서 오는 위문집회 때 대강당에서 예배드리고 간식을 받는 것이 전부였다. 그런데 우리 겨자씨선교회는 예배 후 선생님들이 각반의 생활관에 들어가 함께 둘러앉아서 성경공부도 하고 아이들의 고민 상담도 병행했다. 아이들은 사소한 말도 들어 주고 생활관에서 일어나는 여러 이야기를 나눌 수 있는 그 시간을 좋아했다. 부모의 사랑이 고픈 탓도 있겠지만 세상과 격리되어 생활하던 차에 한 줄기 빛처럼 찾아온 예배 시간과 선생님을 무척 기다렸다. 선생님들을 항상 반갑게 맞이했고 간혹 불참하는 선생님이 있으면 자신들을 배반했다며 싱겁게 토라지곤 했다.

서울소년원 예배 초기에는 교사들이 부족해서 선생님 한 사람이 20여 명의 아이들을 맡았다. 그때 내가 담임하고 있는 반에 새로 들어온 아이가 한 명 있었다. 나이는 14세인데 체격은 열 살 아이의 체격보다도 작아 보였다.

"처음 왔구나, 반갑다. 이름이 뭐니?"

"네, 이영식입니다."

아주 작은 목소리로 답하는 영식(가명)의 이름을 출석부에 기재하고 신입 원생을 위한 환영의 박수를 보낸 뒤 성경공부를 시작했다. 한참 성경공부를 하다 보니 영식의 자세가 불편해 보였다. 아이의 조그만 두 손 모두 옴병 때문에 피고름이 맺혀 있었다. 그런데 영식은 팔꿈치를 무릎 위에 올려놓고 열 손가락을 벌리고 앉아서 성경 말씀을 들었다. 나는 그 순간 전기에 감전된 것 같았다. 피부 상태가 너무 처참한 영식의 작은 두 손을 감싸 쥐었다.

"여러분, 성경공부를 잠시 미루고 옴병으로 고생하는 친구를 위해 먼저 하나님께서 치료해 주시도록 기도합시다."

환경이 열악했던 당시엔 집단생활에서 흔히 발생하는 피부질환이 옴병이었다. 옴병은 전염성이 매우 강하다. 한번 걸리면 가려움증과 농가진, 농창 등으로 번지기 쉽다. '하룻밤에 몇십 리를 마실 다니는 것이 옴진드기'라는 말이 있을 만큼 그 전염성에 다들 무서워했다. 옴병은 한번 전염되면 온몸으로 퍼지고 완치도 어렵다. 생활관에서 함께 기거하는 아이들은 옴병이 전염될까 모두 조심했다.

영식의 손을 잡고 기도하자고 하자 아이들이 어리둥절해했다. 치료를 제대로 못 받았는지 치료가 잘되지 않았는지 알 수 없지만, 상태가 너무 심했다. 방치된 채 지내 온 것 같아서 안타까웠다. 영식의 손을 잡자 미끈하면서도 찐득한 느낌이 좋지 않았다. 나는 전염될지 모른다는 염려가 퍼뜩 머리를 스쳤다. 그 순간 내가 평소 존경하고 닮고 싶은 고 손양원 목사님 떠올랐다. 손 목사님은 나병 환자들의 환부를 입으로 피고름을 빨아 주시면서 사랑으로 기도해 주신 분으로 유명하다. 가녀린 영식의 몸에 퍼져 있

너도 이와 같이 하라

는 옴병을 하나님 아버지께서 고쳐 주시기를 간절히 기도했다.

성경공부를 마치고 화장실에서 손을 씻을까 잠시 생각했다. 그러나 휴지로 손을 대충 닦아 내고서 믿음으로 구했다. 영식의 손을 잡았던 느낌을 간직한 채, 그날 내내 마음속으로 기도했다. 믿음이 없이는 하나님을 기쁘시게 못 한다고 하지 않던가. 다음 주일, 소년원 예배 후 분반 공부를 하러 생활관으로 갔다. 내가 그 방에 들어서자마자 아이들이 큰 소리로 말했다.

"전도사님, 영식이 옴병이 다 나았어요. 진짜로, 진짜로 하나님이 고쳐 주셨나 봐요."

"정말이에요. 전도사님 한번 보세요."

아이들이 이구동성으로 말했다. 영식의 몸을 살펴보니 정말로 깨끗해져 있었다. 나는 영식이를 품에 안고 하나님 아버지께 감사기도를 드렸다. 영식의 병 고침을 목격한 우리 반의 아이들은 두 눈을 반짝이면서 하나님이 살아 계심을 찬미했다.

그 일이 일어난 이후 아이들 사이에서 소문이 퍼져 갔다. 아픈 아이들의 기도 요청이 많아졌으며 병자들이 고침을 받았다. 아이들도 아프면 더 열심히 기도하는 사람으로 변했다. 하나님은 우리의 기도에 응답하시는 분이심을 진정으로 믿고 있었다.

소년원 분수령이 된 신앙수련회

1979년 8월 초 제1회 여름 신앙수련회를 개최했다. 4박 5일간의 집중적인 영적 훈련에서 서울소년원 교회 사역이 어느 정도 궤도에 올랐다. 복음을 전하는 젊은이들의 헌신으로 많은 것이 바뀌어 갔다. 자신들을 위해 아낌없이 땀을 흘리고 눈물로 기도하는 선생님들을 보며, 아이들도 진심으로 회개 기도를 드렸다. 기도는 아이들에게 내재되었던 세상을 향한 분노와 원망을 눅게 했다. 방황하던 아이들이 새 삶을 다짐하고, 진리의 말씀 안에서 거듭남을 경험하는 아이들이 늘어 갔다. 예산도 없이 가난하게 시작한 수련회였다. 그런데 벳세다 광야에서 오천 명을 먹이셨던 오병이어의 기적처럼, 풍성하게 베푸시는 손길이 닿게 하셔서 '하나님은 사랑'임을 알게 했다.

평소 소년원의 규율에 맞춰 엄격하게 통제받던 아이들에게 신앙수련회 기간엔 약간의 자유가 주어졌다. 수련회는 예배와 성경공부, 레크리에이션과 저녁 시간의 심령부흥회 등의 특별 프로그램이 진행된다. 수련회 기간에는 매일 많은 봉사자 선생님들이 찾아왔으며 아이들은 선생님과의 시간을 기다렸다. 당시엔 일반 가정에서도 평소에 간식을 넉넉히 먹을 수 없던 궁핍한 시절이었다. 그런데 수련회 기간엔 각 교회에서 먹거리를 풍족하게 보내왔다. 신앙수련회 기간 내내 떡, 과자, 과일 등을 제공할 수가 있

너도 이와 같이 하라

었다. 아이들은 너무 기뻐했다. 매일 오전과 오후, 5백여 명이 먹을 수 있는 간식을 영락교회와 여러 교회에서 여전도회를 통해 제공했다. 아이들도 오병이어의 기적을 체험한 듯했다. 찬송도 크게 부르고 예배에 적극적으로 임했다. 어떤 아이는 몸부림치며 회개 기도를 했다. 집회를 마쳤는데 기도가 끝나지 않아서 기다리기도 했다. 시간이 흐를수록 아이들은 작은 것에도 감사하며 공손하게 행동했다. 하나님의 작품이었다. '그런즉 누구든지 그리스도 안에 있으면 새로운 피조물이라 이전 것은 지나갔으니 보라 새것이 되었도다.' 고린도후서 5장 17절의 말씀이다. 세월이 많이 흘렀지만 모두들 그리스도 안에 있기를.

신앙수련회를 처음으로 준비하면서 많은 날 동안 릴레이 금식기도와 철야기도를 하며 하나님의 도움을 구했다. 신실하신 하나님께서는 우리들의 기도에 응답하셨다. 천하보다 귀한 영혼들 수백 명을 주님께로 인도하는 천국 잔치를 잘 마칠 수 있게 이끌어주셨다. 신앙수련회를 마친 후 소년원 원장이 나를 따로 불렀다.

"김 전도사님, 우리 원생들이 모두 천사가 다 되었어요. 수련회의 위력이 대단하군요. 앞으로도 잘 부탁합니다."

그 후 소년원 교직원들도 우리를 대하는 태도가 매우 호의적으로 변했다. 또한, 신앙수련회 때 함께 동역했던 신학생들과 청년 상당수가 겨자씨선교회의 회원이 되었다. 수련회를 통해 소년원 선교사역이 오히려 더 부흥하게 되었다.

저 다시 들어갈래요

찬바람이 가로수 잎들을 마구 떨어뜨리던 11월. 낙엽은 바람 따라 이리저리 휩쓸려 날아가 버리고 벌거벗은 몸으로 서 있다. 그날도 토요일 집회가 있었다.

"전도사님을 만나겠다며 누가 와 있네요."

소년원 정문에서 경비원에게 출입증을 반납하려니, 한 아이가 기다린다고 귀띔했다. 정문 밖으로 나가 보니, 석 달 전에 퇴원했던 성근(가명)이가 신문에 싼 작은 물건을 옆구리에 끼고 사시나무 떨듯 떨면서 바람을 피하려 담장에 붙어 서 있었다.

"성근이 아니냐? 여긴 어쩐 일이야?"

"전도사님···."

성근은 대뜸 울음을 터뜨렸다. 추위에 얼마나 떨었는지, 온 얼굴이 파랗게 질려 있었다. 얇은 옷차림으로 한 시간 이상 밖에서 서 있었다니, 짠한 마음이 들었다. 누군가가 겉옷을 내줘서 입히고 불광동 155번 버스 종점 근처 제과점으로 갔다. 연탄난로 옆에 앉히고 따뜻한 물과 빵을 주었지만, 성근이는 고개를 푹 숙인 채 먹지 않았다.

"자 좀 먹고 천천히, 괜찮으니까 말해 봐."

한동안 눈물만 떨구던 성근의 사정이 궁금했던 동역자들이 한 마디씩 거들었다.

너도 이와 같이 하라

"전도사님, 저를 소년원에 다시 넣어 주세요."

성근이가 겨우 내뱉은 이 한마디. 순간 잘못 들은 것 같아서 귀를 의심했다.

"응? 그게 무슨 말이야? 다들 퇴원하기만을 학수고대하는데."

"아니요. 저 다시 소년원에 들어갈래요. 겨울 지날 때까지만 저 좀 있게 해 주세요."

성근이는 진지하게 여러 번 부탁했다. 자유도 없고 고달프기만 한 철창 안으로 다시 넣어 달라고 부탁을 하니, 선뜻 이해가 되지 않았다. 나는 성근에게 배고플 테니 우선 빵을 먹고 천천히 이야기하자고 타일렀다. 성근이는 그제야 큼지막한 빵을 두세 입에 베어 물더니 순식간에 수북한 빵 접시를 비웠다.

고아였던 성근이는 소년원을 나간 뒤 중국음식점에 취직했다. 중국집에 따로 잠자리가 없어서 연탄난로 옆에 의자들을 붙여 놓고 잠을 잤다. 추위 때문에 늘 선잠을 잤고, 뒤척이다가 의자에서 떨어져 다치고 멍드는 일이 다반사였다. 설거지도 하고 음식 배달도 하는 등 고된 일을 하면서도 새롭게 살아 보겠다는 소망이 있었기에 견딜 만했단다. 그런데 석 달 가까이 일을 했을 때, 식당 주인은 생트집을 잡으며 월급 한 푼 주지 않은 채 쫓아냈다는 것이다. 그 후 취직자리를 찾아 여기저기 다녔지만 쉽지 않았다. 그 날 성근은 돈이 없어 3일 동안 아무것도 먹지 못했다고. 당시에는 힘없는 어린아이들의 임금을 착취하는 업주가 적잖이 있었다. 그 같은 일을 중재하는 사회 기반도 없었다. 그동안 고생한 이야기를 들려주던 성근이가 신문지를 풀어 보였다. 성경책이었다.

"제가 소년원 교회에서 예수님을 믿고 세례도 받았습니다. 비록 취직도 안 되고 밥도 굶었지만 그렇다고 다시 도둑질할 수는 없잖습니까?"

쫓겨 나올 때 급하게 성경책만 챙겼는데, 다시는 나쁜 짓을 하지 않겠다고 다짐하며 성경책을 신문지에 싸서 들고 다녔다고 했다. 아무 데도 찾아갈 곳이 없고, 아는 사람도 없어서 할 수 없이 나를 찾아왔다고. 소년원에서는 잠잘 곳과 먹을 것은 걱정하지 않아도 되니, 소년원에 다시 들어가게 해 달라고 성근이는 거듭 애원했다. 자유의지대로 행동할 수 없는 곳이 소년원인데, 얼마나 배가 고프고 답답했으면 소년원에 다시 들어가기를 소원하는지 사정이 안타깝기만 했다. 테이블에 눈물을 뚝뚝 떨어뜨리는 성근이의 사연은 차마 듣기 어려울 정도였다. 세상 사람들이 인정머리 없이 어떻게 오갈 데 없는 고아 소년을 착취하고 이용만할까 생각하니 가슴에 울분이 일었다. 어린 성근이가 믿음을 지키기 위해서 자유를 반납하고 소년원 철창 안에서 생활하겠다는말을 듣고 동역자들 모두 탄식을 했다. 우리는 아이를 위해 기도드렸다. 그리고 그간 배고프고 설운 시간을 보냈을지라도 성근이대견해 보였다.

머잖아 성근은 선교회 지인의 도움으로 먹고 자고 일할 수 있는 곳에 취직이 되었다. 그 후 성근이는 신앙생활도 잘하고 근무도 열심히 하고 있다는 소식을 간간이 전해 왔다.

"너희는 먼저 그의 나라와 그의 의를 구하라 그리하면 이 모든 것(먹을 것, 마실 것, 입을 것)을 너희에게 더하시리라"(마6:33)

세 번의 편지를 보낸 것은

서울소년원 소망교회의 사역이 점점 활발해지던 어느 날이었다. 충주소년원 원생의 편지 한 통이 배달되었다.

"안녕하세요. 전도사님. 저는 서울소년원 소망교회에서 전도사님의 설교를 듣고 예수님을 영접한 서영필입니다. 제가 재범 소년이라 충주소년원으로 이송을 오게 되었는데 여기서는 예배가 없어요. 전도사님이 오셔서 예배 인도를 해 주시면 정말 좋겠습니다."

충주소년원에 와 주기를 바라는 서영필(가명)의 편지를 크게 고민하지 않고 무시해 버렸다. 나는 당시 총각 집사였는데, 섬기던 삼성동 혜명교회의 주영택 목사님으로부터 전도사 청빙을 받은 상태였다. 군대에 있을 때부터 나를 지도해 주셨으며, 나를 잘 알던 주 목사님이 파격적인 대우를 약속했다. 새해 1월부터 혜명교회 전임전도사로 섬기기로 약속받았기 때문에 영필의 편지에 크게 신경 쓰지 않았다.

서울 혜명교회는 강남에 개발 붐이 한창 일던 때라서 매주 새로운 교인들이 몰려들어 부흥기를 맞고 있었다. 부족함이 많은 나를 전임전도사로 청빙해 준 주 목사님의 뜻을 저버릴 수도 없었다. 순서를 따져 봐도 영필의 편지를 받기 6개월 전에 청빙받았기 때문에, 양심에 꺼릴 것도 없었다.

예수께서 '여우도 굴이 있고 공중의 새도 거처가 있는데 인자는 머리 둘 곳이 없다'(마8:20) 하셨던 말씀처럼, 나도 참으로 힘든 생활을 하고 있을 때였다. 혜명교회의 청빙은 나에게 어둠 속에서 빛나는 등대 같았다. 하나님과의 약속을 지키기 위해서 신학교에 가려 했을 때, 함께 가게를 운영하던 형님이 무섭게 돌변했다. 급기야 집에서 쫓겨나고 나는 잠잘 곳조차 없었다. 돈을 잘 벌던 내가 돈을 벌면서 하나님과의 약속을 이행한다는 것은 쉽지 않았다. 다 내려놓기로 하고 오직 기도와 전도, 그리고 말씀 공부에 전념했다. 1년 남짓 여기저기 예배당을 전전하면서 장의자에서 잠을 청했고, 하루에 두 끼를 라면으로 때웠다. 그때 질리도록 먹었던 라면을 나는 쳐다보지도 않는다. 어느 날 돈이 없어서 겨우 라면 하나를 주문했는데, 바로 옆에서 아가씨들이 라면과 만두를 주문했다. 그런데 만두를 두 개나 남겨 놓은 채 나갔다. 그 아가씨들이 남기고 간 만두가 어찌나 먹고 싶던지 군침이 넘어갔다. 용기가 없어서 차마 먹지 못하고 침만 꼴깍 삼키고 나왔다.

　　　　　　　　　　　　　　　　너도 이와 같이 하라

영필의 편지를 받고 한 달 후 어머니를 뵈러 형님 댁을 방문했다. 충주소년원에서 영필이가 보낸 두 번째 편지가 와 있었다.

"전도사님. 안녕하세요. 저 영필입니다. 제가 지난달에 편지를 보냈는데 못 받으셨어요? 왜 답장이 없는지 궁금합니다."

인사말에 뒤이어서 구체적인 방법까지 제시하며 더욱 간곡히 나를 기다리고 있었다.

"서울소년원에는 전도사님들이 여러 분 계시지 않습니까? 그분들에게 서울소년원 소망교회를 맡기시고 김 전도사님은 충주소년원으로 내려오시기를 간곡히 부탁드립니다."

"야. 나도 알지만, 지금 그럴 수가 없는 형편이네."

혼자 중얼거리며 영필의 두 번째 편지도 외면했다. 이제 서울소년원 사역도 동역자들에게 맡기고 혜명교회에서 일반목회 사역을 위한 준비를 하고 있었다. 마음이 들떠 있었기에, 편지가 눈에 들어올 리 없었다. 그로부터 한 달 후 영필의 세 번째 편지가 배달되었다. 그런데 그 편지를 받아 든 순간, 나는 온몸이 오싹해졌다. 두려운 마음을 주체할 수가 없었다. 소년원생은 한 달에 한 통의 편지만 발송할 수 있던 때였다. 영필은 가족이나 친구에게 써야 할 기회를 3개월 동안 계속 나에게 사용한 것이다. 충주소년원으로 복음을 전하러 와 달라는 간청을 포기하지 않고 보낸, 영필의 세 번째 편지를 나는 개봉할 수가 없었다. 그 편지를 성경책 갈피에 넣고는 동두천에 있는 미디안 기도원으로 향했다. 물 한

모금 먹지 않고 기간도 정하지 않은 채, 단식기도를 시작했다. 하나님께서 내가 가야 할 길을 분명하게 가르쳐 주실 때까지 목숨을 걸고 하리라 작정한 기도였다.

당시 대다수 신학생들은 355장 찬송 '부름받아 나선 이 몸'을 즐겨 불렀다. 또한, '나의 달려갈 길과 주 예수께 받은 사명 곧 하나님의 은혜의 복음 전하는 일을 마치려 함에는 나의 생명을 조금도 귀한 것으로 여기지 아니 하노라'(행 20:24) 말씀을 으레 암송했다. 나도 사도 바울의 신앙을 본받기로 다짐하고 355장 찬송을 부르며 매일 밤 기도하던 전도사였다. 그런 내가 조건이 좋은 교회로 가기 위해 세 번이나 연달아 보낸 그 편지를 무시하다니. 계속 모르쇠 하기엔 마음이 너무 불편했다.

어디로 가야 할까요?

미디안 기도원에서 목숨을 건 기도를 시작했다. 신앙적 양심과 현실 사이에서 갈등하는 나를 보았기에 하나님께서 직접 해결해 주시기를 간청했다. 그간 나는 오랜 기간 편히 잠도 못 자고, 매일 라면으로 끼니를 해결했다. 체중도 정상 체중에서 한참 미달이었다. 건강 상태가 우려될 정도로 몸이 약해져 있었다. 하지만 내가 선택할 수 있는 유일한 방법은 금식하며 하나님께 기도하는 것뿐이었다.

사도 바울에게 보였던 마케도니아 사람이 손짓하며 건너와서 우리를 도우라 했던 환상(행16:9)과 같이, 영필의 두 번째 편지에서 나는 인식하고 있었다. 혜명교회의 청빙이 있었으므로 애써 영필의 편지를 외면하고 싶었지만, 뭔지 모를 가림막이 있는 것만 같았다. 그래서 금식기도를 통해 하나님의 뜻을 확실하게 확인하고자 했다. 기도를 시작한 지 이틀이 되던 날 새벽이었다.

'여호와 그가 네 앞서 행하시며 너와 함께 하사 너를 떠나지 아니하시며 버리지 아니하시리니 너는 두려워 말라 놀라지 말라'(신 31:8). 이 말씀이 눈앞에 클로즈업되었다. 20대 초반, 대조제일교회에 다닐 때도 똑같은 경험을 한 적이 있었다. 집중 철야기도를 할 때였는데, 펼쳐 놓은 성경책에서 신명기 31장 8절 말씀이 확대되어 솟았다. 이후부터 본문 말씀을 암송하고 그 말씀을 항상 의지했다. 그런데 이번에도 하나님께서 똑같이 보여 주신 것이다.

"주여! 제가 이 말씀을 의지하며 하나님께서 내 앞길을 항상 인도하심을 알고 있습니다. 하지만 주께서 인도하시는 곳이 혜명교회인지 충주소년원인지 저는 잘 모르겠습니다. 확실하게 알려 주시지 아니하면, 저는 이 기도원에서 죽을지언정 금식기도를 멈추지 않겠습니다. 제가 어느 곳으로 가야 하는지 그 길을 분명하게 가르쳐 주십시오."

얼마나 큰 소리로 외치며 부르짖었는지, 옆구리와 가슴이 결려서 호흡할 때마다 통증이 왔다. 물 한 모금 마시지 않고 부르짖어 기도하다 보니, 시력에도 문제가 생긴 것일까. 성경을 읽는데 눈의 초점이 잘 맞지 않았다. 다리가 후들후들 떨려서 걷기조차 힘들었다. 건강이 더 나빠진 것 같았다. 그러나 죽으면 죽으리라는 각오로 기도에 매달렸다. 그 무엇도 나를 멈추게 할 수는 없었다. 단식기도 4일째 되는 날, 힘겹게 기도원의 뒷동산에 올라 바위에 앉았다. 앉아 있는 것도 어려웠지만, 기도를 쉴 수는 없었다. 주체할 수 없는 눈물을 훔치며 얍복강의 야곱처럼 절규하듯 기도할 뿐이었다. 기도 중에 갑자기 눈앞에 어떤 광경이 펼쳐졌다.

사당동 총회신학교 대강당이었다. 목사님과 전도사님들이 가득 앉아 있고, 나는 이층에 앉아 있었다. 강대상에는 박사 가운을 입은 백발의 노인 목사님이 말씀을 전했다. 강남의 좋은 교회에서 교역자를 청빙하는데, 그곳에 가기 원하는 사람은 손을 들어 보라고 했다. 수많은 사람이 거의 다 손을 높이 들었다. 잠시 후에 모두 손을 내리라고 하더니, 저 시골에 죄수들이 있는 곳에 가서 사역하기 원하는 사람은 손을 들라고 했다. 불과 대여섯 사람만 손을 들었고, 그들 중에 내가 있었다. 깜짝 놀라서 정신을 차렸다. 환상을 본 것이었다.

"아버지 하나님의 뜻이라면 충주소년원에 가겠습니다. 저는 주님의 종이오니, 주님 뜻대로 살고 주님이 원하시면 저의 생명도 드리겠나이다."

너도 이와 같이 하라

나는 하나님의 뜻이 무엇인지 눈으로 보았기에, 내 기도에 응답하신 주님께 감사의 찬양을 드렸다. 더 이상 지체할 수가 없었다. 기도를 마치고 산에서 내려와 우물에서 물 한 바가지를 마셨다. 4일 만에 처음으로 마시는 약숫물이 온몸에 퍼지는 듯했다. 단식으로 말할 수 없이 고통스러웠던 내게는 생명수와도 같았다. 모세혈관까지 퍼지듯 머리끝에서 발끝까지 물기운이 퍼지고 청량한 힘이 솟았다. 무겁던 마음을 벗게 된 나는 숙소에서 편안한 마음으로 성경을 읽다가 잠이 들고 총천연색 꿈을 꾸었다.

내 앞에 왕릉보다 더 높게 붉은 황토가 쌓여 있고 그 앞에 작은 삽 하나가 놓여 있었다. 그 삽으로 산더미 같은 흙을 치워야 하는 상황이었다. 나는 이 많은 흙을 나 혼자서 어떻게 치우나 걱정하면서 삽을 들고 흙을 푸려고 했다. 그 순간 초대형 포클레인 삽이 하나 나타나더니, 순식간에 그 흙을 모두 치워 버렸다. 흙이 쌓여 있던 곳은 넓고 깨끗한 광장으로 변했다. 나는 놀라움에 탄성을 질렀다.

"아이쿠! 알았어요 하나님. 제가 충주소년원으로 가기로 마음을 정했으니, 이제는 그만하셔도 됩니다."

잠에서 깨어난 나는 퉁명스럽게 중얼거렸다. 그날 저녁부터 죽을 먹고 보호식을 했다. 기도원 주변에 살던 분들이 소문을 듣고 영양가 있는 죽을 먹어야 한다며 땅콩, 미역 등 여러 가지 식재료를 주셔서 보호식을 만들어 먹었다.

하나님의 이끄심과 충주소년원

보호식을 먹고 나흘 뒤 물어물어 충주소년원을 찾아갔다. 서울의 마장동 시외버스에서 출발 도착하기까지 차를 네 번 바꿔 탔다. 총 3시간 30분이 걸렸다. 충주소년원은 계명산 중턱에 자리하고 있었다. 산 밑에서 소년원까지 올라가는 길가에는 맛 좋기로 이름난 충주 사과밭이 줄지어 이어져 있었다. 충주소년원에선 원예반 소년원생들이 과수원을 맡아 경작했다. 봄에는 하얀 사과꽃이 온 산을 덮고, 가을에는 탐스럽게 익어 가는 사과가 가지가 휘어지도록 주렁주렁 달린 것이 그야말로 장관이었다. 소년원 정문 앞에선 충주 시내가 한눈에 내려다보였다. 그 풍경 속에는 제법 큰 교회 건물들의 십자가도 여럿 보였다.

"여기에도 저렇게 많은 교회가 있는데."

순간 미디안 기도원에서 금식하며 매달렸던 나의 기도 응답에 뭔가 오류가 발생했다는 생각이 들었다.

'충주 시내에 있는 저 많은 교회를 두고 하필이면 내가 서울에서 이 먼 곳까지 와야 하는 걸까?' 내가 충주소년원까지 왕복하려면, 얼추 일곱 시간이나 차를 타야 했다. 교통비와 점심값까지 일주일에 만 원 정도의(당시엔 적지 않은 금액이었다.) 경비가 필요한데, 나에게는 그만한 돈도 없었다.

"기도 응답이 잘못되었어. 잘못된 거야."

혼자 중얼거렸다. 그냥 돌아갈까도 생각했다. 그래도 먼 길 왔으니, 원장을 만나 보는 것이 좋을 것 같아 면회를 신청했다. 잠시 후 한 직원의 안내를 받으며 원장실로 들어갔다. 최 원장은 감리교회에 출석하는 분이었다.

"원장님, 어찌해서 이곳에는 원생들을 위한 예배 시간이 없는 것입니까?"

원장님과 형식적인 인사를 나눈 뒤 도전하듯 바로 질문했다. 따지듯 내뱉는 말투에 최종원 원장은 조금 언짢아했다. 말은 안 했지만, 뭐 이런 녀석이 다 있나 하는 눈치였다.

"목사인지 하는 사람들이 몇 번 올라오다가 그만둔 지가 꽤 오래되었습니다."

목사에 대한 존중은커녕 무시하듯 말했다. 순간 나는 도전 의욕이 솟았다.

"원장님, 제가 이곳에 오면 예배를 허락해 주시겠습니까?"

"아니 전도사님이 서울에서 이 먼 곳까지 매주 오겠다는 말입니까?"

마치 그렇게 하는 일은 어림도 없는 소리라는 말투였다.

"네, 원장님이 허락해 주시면, 제가 매 주일 와서 예배 인도를 하겠습니다."

나는 어찌하든 책임감을 보여 주겠다는 오기가 생겨 힘주어 말했다.

"전도사님이 오신다면, 예배를 허락하겠습니다."

나를 훑어보던 최 원장은 무엇이 마음에 들었는지 즉답을 했다. 나는 당장 다음 주부터 예배를 드리러 오겠다는 약속을 덜컥하고 말았다. 소년원에 도착해서 충주 시내를 내려다볼 때의 생각과는 달리 정반대의 말을 내뱉은 것이다. 그 순간 '아차, 지금 내가 무슨 말을 하고 있나?' 후회했으나 이미 때는 늦었다. 서둘러 작별 인사를 하고 소년원을 나왔지만, 마음이 착잡했다. 충주 시외버스터미널까지 가려면 택시를 불러야 했다. 하지만 나는 과수원이 이어진 길을 걸어갔다. 한 시간가량 걷노라니 많은 생각이 교차되었다. 서울행 직행 버스에 몸을 싣고 집에 가면서도 고민과 갈등이 떠나지 않았다. 다시 주님의 뜻을 생각했다. 사나이로서 큰소리치고 약속했으니, 그 약속은 지켜야 한다고 나 자신에게 다짐시켰다. 그러자 나의 두 눈에서 까닭을 알 수 없는 눈물이 자꾸만 흘렀다.

너나 밑어

충주소년원장과 면담한 뒤 이틀 후에 혜명교회 주영택 목사님을 찾아뵈었다.

"목사님. 저를 아끼고 사랑하는 마음으로 제의하신 호의 진심

너도 이와 같이 하라

으로 감사합니다. 저는 이번 주일부터 충주소년원 선교사역을 감당하고자 결정했습니다. 목사님의 뜻을 따르지 못하게 되어 죄송합니다."

주 목사님은 '거참' 하면서 난감해했다. 섭섭한 표정이 역력했다. 주 목사님은 내가 5사단 포병사령부 군종 하사로 근무할 때 만났다. 군목으로 근무하면서 나를 특별히 아껴 주신 분이다. 제대 후 명동에서 직장에 다니는 나를 찾아오셔서 '사명자가 주의 일을 해야지, 왜 시간을 낭비하고 있느냐?'고 일깨워 주신 분이다.

나의 어려운 처지를 잘 알고 있던 분으로, 전도사인 나에게 사택도 제공하고 신학을 다 마칠 때까지 학비도 책임지겠다고 했다. 함께 힘을 모아 혜명교회를 부흥시키자며 파격적인 대우를 약속했는데, 갑작스레 돌변한 나의 결정에 주 목사님은 적잖이 놀란 듯했다. 사실 내 마음은 혜명교회에서 사역하고 싶었다. 하지만 하나님께서 나를 충주소년원으로 가라고 명령하시니, 주님 뜻을 어찌 따르지 않을 수 있겠는가? 기도했고 응답받은 대로 결정했다는 나의 의지가 확고해 보였는지, 주 목사님은 더 이상 내 마음을 돌리려 하지 않고 격려해 주셨다. 나의 여정에 든든한 지원군이 되어 줄 수도 있었던 혜명교회와의 인연에 그렇게 마침표를 찍었다.

1980년 3월, 서른한 살 청년이던 나의 인간적인 생각으로는 가고 싶지 않았던 충주의 소년원 사역을 시작했다. 주일 새벽에 일어나서 충주소년원을 찾아갔다. 멀기도 했지만, 비포장도로를 덜컹대며 달려가는 버스로 인해 심한 멀미가 일었다. 그로 인해 뱃속이나 안색은 말이 아니었지만, 약속된 시간에 늦지 않으려면 잠시 찬바람조차 쐬고 갈 겨를이 없었다. 도착하자마자 직원의 안내를 따라 예배드릴 장소로 갔다. 장소는 소년원생들이 잠자고 생활하는, 두 평쯤 되는 생활관 1호실이었다. 거기서 8명의 소년원생이 나를 기다리고 있었다. 그들 중에 편지를 보냈던 서영필도 있었다.

"안녕하세요. 전도사님! 제가 영필입니다. 뵙고 싶었어요."

큰 소리로 반갑게 맞이하는 영필의 인사에 대충 대답했다. 그때의 상황이 몹시 실망스럽고 당황스러웠기 때문이었다. 나는 최원장이 나를 농락하는가 싶어서 순간 분한 생각마저 들었다. 잠시 침상 마루에 걸터앉아 기도하고 마음을 진정시켰다.

아이들과 인사를 나눈 뒤 곧바로 예배를 시작했다. 장소가 협소해서 아이들은 마루방에 앉고, 나는 방문 앞 신발 벗는 좁은 공간에 섰다.

"우리 하나님께 주일예배를 드립시다."

내 말이 떨어지자마자, 누군가 험악한 어투로 말을 내뱉었다.

"너나 믿어."

덩치가 크고 얼굴에 큰 흉터가 있는 원생이었다. 맨 앞에 있던 또 다른 원생은 내 발치에 가래침을 뱉었다. 그러고는 고약하게

너도 이와 같이 하라

얼굴을 찡그리면서, 주먹으로 바닥을 쾅쾅 내리쳤다. 마룻바닥이라 소리가 요란했다. 나는 적잖이 놀랐으나 애써 태연한 척했다. 두 원생의 횡포에 눌린 다른 원생들은 숨죽인 채 눈치만 살피고 있었다. 나중에 생각해 보니, 예배에 참석하면 간식이라도 먹을 수 있으리라 기대하며 고참 중에도 힘깨나 쓰는 원생들이 참석한 것이었다. 아무것도 없는 내 손을 보자 실망하여 그런 험한 반응을 보인 것 같았다. 내심 몹시 당황했지만 그렇다고 물러설 내가 아니었다. 서울소년원에서 수백 명의 아이들 앞에서 설교했던 내가 아니던가. 뚝심을 발휘하여 찬송하고 예배를 시작했다. 입술로는 찬송했지만, 마음속으로는 하나님께 섭섭함과 원망이 자꾸 차올랐다. '혜명교회의 청빙도 사양하고 머나먼 충주소년원까지 내려왔는데, 어찌 이런 일이 있을 수 있습니까?' 하고.

찬송 후 설교를 시작했다. 그런데 나의 두 눈에서 주체할 수 없는 눈물이 자꾸만 흘러내렸다. 눈물을 훔치면서 설교를 하다 보니, 나에게 편지를 써 보냈던 영필이도 울었다. 우악스럽게 굴던 두 아이도 잠잠했다. 다른 아이들도 숙연한 자세로 나의 설교에 귀를 기울이고 있었다. 눈시울이 붉어지면서 금방 눈물을 흘릴 것만 같은 아이, 고개를 바닥까지 푹 떨구고만 있는 아이, 급변한 아이들의 태도를 보면서 그 시간에 성령께서 강하게 역사하시는 것을 느낄 수 있었다. 낙심했던 나는 힘을 얻어 열심히 말씀을 전했다. 험한 분위기 속에서 시작된 예배였으나 마칠 땐 온화하며 평온한 기운이 가득했다. 성령께서 아이들의 마음을 만져 주신 걸 짙게 체험한 순간이었다.

두 달 만에 일어난 일

하나님의 역사하심을 기대하면서 마음을 확정했다. 서울에 돌아와서 겨자씨 동역자들에게 충주소년원의 형편을 알리고 기도를 부탁했다. 그리고 3일 동안 금식기도를 했다. 하나님께서 나를 충주소년원으로 보내신 바에는 감당할 수 있는 능력을 달라고 간구했다. 또한 충주소년원 180여 명의 모든 원생이 복음을 받아들이고 하나님의 아들이 되게 해 주십사고 부르짖었다. 좁은 방에 8명의 소년원생을 모아 놓고 예배드리게 조치한 최 원장에게 전화로 항의하고 싶은 생각이 마음 한편에 있었다. 참을 수 없는 혈기가 올라왔지만, 기도할 때 어떤 어려움이 있어도 인내하리라 정리되었다. 두 번째 주일에 크림빵을 10개 사 들고 갔다. 동역자들이 모아 준 기금에 조금 여유가 생긴 것이다. 그 좁은 방에 20여 명의 소년원생들이 앉아 있었다. 어떻게 된 일이냐고 묻는 말에, 아이들은 자신들이 전도해 온 학생들을 가리키면서 자랑스럽게 말했다.

"전도사님 제가 데리고 왔어요."

"저도요."

소년들은 의기양양하게 손을 흔들었다. 사랑스러웠다. 빵이 모자라서 반씩 나누었다. 그래도 얼마나 맛있게 먹던지 마음이 짠했다. 충주소년원 소망교회에 갑절의 부흥을 일으켜 주신 주님의 은혜에 감사했다.

세 번째 주일. 예배당 1호실에 소년원생들이 빼곡히 앉아 있었다. 더 이상 방에 들어갈 수 없었던 소년원생들 십여 명은 방문 앞에 서 있었다. 가슴이 뜨거워졌다. 어떻게 예배를 드려야 하나 생각하는 순간, 하나님께서 지혜를 주셨다.

"얘들아. 방문 앞 복도에 담요를 깔고 앉아서 예배를 드리자."

말이 채 끝나기도 전에 소년원생들은 재빨리 담요를 복도에 깔고 앉았다. 나는 문지방에 한 발을 들여놓고 한 발은 복도를 밟고 섰다. 방 안에 있는 소년원생들과 복도에 있는 원생들을 번갈아 보면서 예배를 인도했다. 충주소년원생들은 영적으로 순박해 보였다. 우리는 매주 주일예배 시간마다 눈물로 회개하며 감동적인 예배를 드렸다. 네 번째 주일에 내가 예배실로 들어서자, 원생들이 큰 소리로 우렁차게 인사를 했다. 미리 복도에 정렬해 앉아 있는 소년원생들이 1호실 안의 원생들보다 훨씬 더 많아 보였다.

"할렐루야. 여러분 잘 지냈어요? 오늘 새로 온 여러분, 환영합니다."

1호실의 원생들을 복도로 나오게 했다. 예배를 시작하면서 찬송을 하자, 창문으로 내다보던 다른 원생들이 각 호실에서 담요를 들고 나왔다. 복도는 순식간에 원생들로 가득 찼다. 우렁차게 찬송하는 목소리가 생활관 복도를 흔들었다. 충주소년원 원생들 모두가 예배에 참석하는 대부흥이 일어났다.

충주소년원 건물은 구관과 신관으로 나누어져 있다. 2개 동을 생활관으로 사용했다. 구관에서의 예배 부흥이 일어나면서, 신관의 소년들도 예배에 참석하는 인원이 많아졌다. 예배를 드리면서 소년원생들의 생활 태도가 달라지기 시작했다. 아이들이 이 시간을 기다리니까, 소년원 측에서도 새로운 결정을 했다. 구관 생활관의 복도에 더 이상 앉을 자리가 없게 되면서 주일예배를 두 번 인도하도록 했다. 구관에서 먼저 예배한 뒤, 바로 신관으로 건너가 예배를 인도했다. 두 달 만이었다. 내가 기도한 대로 하나님은 전체 학생들을 예배에 참석하게 해 주셨다.

충주소년원은 영농소년원이어서 원생들을 매일 과수원과 채소밭에 파견했다. 복음성가 '돈으로도 못 가요, 힘으로도 못 가요, 믿음으로 가는 나라 하나님 나라' 찬양을 전체 소년원생들이 행진가로 부르며 다녔다. 누가 시킨 것도 아닌데 원생들은 줄을 서서 다닐 때마다 불렀다. 뛰어갈 때는 구보처럼 복음성가를 빠르게 부르는 등 활기찬 일과를 보냈다.

충주소년원은 전국의 각 소년원에서마저 문제아로 찍힌 원생들을 보내는 특별한 소년원이었다. 타 소년원생에 비해 나이도

너도 이와 같이 하라

많고 체격도 좋은 편이었다. 거칠고 사납던 아이들, 싸움을 일삼던 아이들이 하나님께 찬양하기를 기뻐하는 천사들로 변했다. 소년원생들의 변화는 나를 행복하게 했다.

사람을 의지하지 않기로 했다

크리스천 신문사 사장 이창식 장로님은 우리나라 교정 선교와 해당 사역자들에게 관심과 사랑을 많이 주신 분이다. 1980년, 내가 충주소년원을 섬기고 있을 때였다. 어느 날 그분이 전국 각지에서 사역하는 20여 명의 교정교역자를 초청했다. 신문사 앞에 있는 불고기 식당에서 푸짐하게 대접받았다. 식사 후 그날 참여한 분들이 각자의 사역을 간략하게 소개했다. 교도소 사역하는 분들 가운데 소년원 사역을 하는 사람은 나 혼자였다. 나도 소년원선교를 소개하면서 하나님의 부르심과 성령의 역사를 이야기했다. 모임을 끝내고 작별 인사를 하고 있을 때였다.

"김 전도사님은 잠시 사무실에 좀 들렀다 가면 좋겠습니다."

이창식 사장님이 따로 나를 불렀다. 모두 헤어지고 난 뒤 크리스천 신문사 사장실에 들렀다.

"나이도 젊은데 특수 선교사역에 헌신하신다니 참 귀합니다."

"별말씀을요. 사장님께서 칭찬해 주시니 감사할 따름입니다."

"힘들고 어려울 텐데 내가 도움 될 만한 게 있을까 생각해 봤어요."

그는 금일봉과 함께 메모지에 세 분 목사님의 이름과 교회를 적어 주었다. 소개하는 목사님들을 찾아가서 도움을 청하면, 꼭 도와줄 것이라고 했다. 나의 사역에 특별한 배려를 하는 것도 감사하고, 든든한 후원자가 생긴 것 같아 힘이 났다. 소개해 준 목사님들은 대형교회를 담임하고 있는 교계의 유명 인사들이었다. 개인적으로는 통화도 할 수 없는 분들이었다. 크리스천 신문사 이창식 사장님의 소개로 연락드렸다고 하니, 세 분 다 반갑게 전화를 받아 주셨다.

그때 나는 약수동에 살고 있었는데, 마침 우리 집 가까이에 있던 교회의 담임목사님을 찾아뵈었다. 반갑게 맞아 주는 그 목사님 앞에서 나는 사뭇 진지하게 충주소년원의 사역을 소개했다.

"김 전도사는 똑똑하고 열정도 있는 사람 같은데, 소년원 선교하느라 한강에 돌 던지는 일처럼 무모한 일에 힘을 쏟고 있나? 그러지 말고 우리 교회에서 일하면 어떤가? 나와 함께 일하세."

내 이야기를 다 들은 목사님의 말씀이었다. 목사님의 호의는 감사했지만, 하나님의 부름에 답한 충주소년원 사역을 무시하는 것이 마음 상했다. 정중하게 인사하고 교회를 나왔지만, 목사님을 이해하기가 어려웠다. 큰 교회에서 목회하는 유명한 목사님께서 소년원생들에게 복음 전하는 일을 그렇게 하찮게 여길 수 있

너도 이와 같이 하라

을까? 나는 죄인들을 구원하러 오셨다는 예수님의 말씀이 생각나서 마음이 아팠다.

두 번째로 찾아간 목사님은 동대문 밖에서 큰 교회를 담임하고 있었다. 이창식 사장님이 보내서 찾아뵙게 되었다고 인사를 드리자, 크게 반기며 자리를 권하셨다. 나는 크게 기대하고 더욱 진지하게 충주소년원 사역을 소개했다.

"잠깐, 김 전도사. 말뜻은 알겠는데 그게 말이야, 도움을 요청하려면 새해 예산편성을 하기 전에 와야지. 지금은 도움을 주기가 좀 어려우니까 다음에 오면 좋겠네."

나의 말을 다 듣지도 않고 말을 가로채더니, 자리에서 벌떡 일어나 문을 열고 먼저 나가 버렸다. 당황한 나는 혼자 멍하니 앉아 있었다. 잠시 후 다시 돌아온 그 목사님은 나에게 거친 목소리로 빨리 나가라고 재촉했다. 쫓기듯 나와야 했던 그 길에서 돌아온 건 큰 모멸감이었다.

"하나님 아버지! 하나님께서 책임져 주십시오. 저는 결코 사람을 찾아다니면서 도와 달라고 하지 않겠습니다. 만일 하나님께서 책임져 주지 않으면, 일에서 손을 떼겠습니다."

나는 눈물을 삼키면서 기도했다. 이창식 사장님이 소개한 사람이 한 분 더 있었지만, 더는 사람을 의지하지 않기로 다짐했다. 세 번째 목사님은 아예 찾아가지도 않았다. 그 후로 이창식 사장님도 다시 찾아뵙지 않았다. 이사장님께서 그토록 신뢰하면서 추천한 목사님들의 반응을 차마 말씀드릴 수가 없었다.

하나님께서 책임져 주셔야 소년원 사역을 할 것이라고 다짐을 했던 그날 이후 지금까지 그 누구에게도 개인적으로 도움을 요청하지 않았다. 오직 우리 아버지 하나님께만 기도할 뿐이었다.

우리 예수님은 내가 기도하고 부탁드리는 것 이상으로 좋은 선물을 주셨다.

기도 제목도 하나님이 주시는가?

우리나라에 교도소의 교정 선교사역자들은 있었지만, 소년원 선교사역의 선배는 없었다. 어디서 혹은 누구에게 자문을 받거나 정보를 얻을 수가 없었다. 소년원선교를 배울 수 있는 곳도 없고 나는 배울 형편도 안 되었다. 나 또한 경험 없는 사역에 뛰어들고 보니, 개척자가 된 셈이었다. 나는 오로지 소년원선교를 잘 감당할 수 있도록 지혜와 능력 주시기를 하나님께 기도했다. 밥을 먹듯 철야하고 금식하며 매달릴 수밖에 없었다.

그 당시 나의 기도 동지는 겨자씨선교회에서 함께 동역하던 유창무 전도사였다. 매주 목요일 밤에 삼각산이나 도봉산에 올라갔다. 우리는 서로 의지하며 저녁 10시부터 새벽 5시까지 철야기도를 했다. 눈이 오거나 비가 오는 날엔 김장용 비닐봉지를 머리부터 발끝까지 쓰고 기도했다. 기온이 영하로 떨어지는 몹시 추운 날도 하나님과 약속을 지키기 위해 산 기도를 쉬지 않았다. 그런 날이면, 밤새도록 제자리 뛰기를 하면서 부르짖어 기도했다. 아무리 춥고 힘들어도 통행금지 시간이 있었기에, 기도를 중지하고 산 아래로 내려갈 수가 없었다. 새벽 4시에 통금 해제 사이렌이 울릴 때까지 기도하는 게 어느덧 나의 루틴이 되었다. 기도와 인내의 훈련을 잘 받을 수 있던 때였다.

충주소년원 사역을 시작한 지 몇 달이 지났다. 원생들의 믿음이 많이 자라난 것 같았다. 순한 양처럼 심령이 부드러워졌다. 아이들은 예배를 사모하여 주일을 손꼽아 기다렸다. '달리는 말에 채찍을 가한다' 했던가. 아이들의 심령에 말씀이 올곧은 뿌리가 내릴 수 있게 여름 신앙수련회를 준비했다. 제1회 신앙수련회 주강사는 기도 동지인 유창무 전도사를 세웠다. 1980년 8월, 소년원생 식당 겸 강당인 집회 장소에서 신앙수련회를 열었다. 유 전도사는 수련회 5일 동안 금식하면서 집회를 인도했다. 우리는 젊은 패기로 죽으면 죽으리이다 하는 순교적 각오로 무장돼 있었다. 성령께서 우리에게 복음 전하는 일에 전심전력을 다하게 했다.

수련회 둘째 날이었다. 저녁 심령부흥회 시간에 교사 중 한 자매가 특송을 하나님께 올렸다. '어서 돌아오오' 317장을 찬송했는데, 하나님께서 감동을 주셨는지 목이 메어 더 이상 부르지 못하고 눈물만 흘렸다. 그 모습을 바라보던 원생들이 모두 엄숙하고 고요해졌다. 고개를 떨구고 눈물을 훔치는 원생들도 있었다.

"우리 모두 함께 찬송합시다."

사회자였던 나는 강대상에서 그 자매가 부르던 '어서 돌아오오' 찬송을 인도했다. 두 번 반복해서 찬송하는 중에 많은 원생이 눈물을 흘리기 시작했다.

"우리 모두 하나님께 회개의 기도를 드리도록 합시다. 나의 죄를 위하여 십자가에서 피 흘리신 그 주님께 낱낱이 고백하고 용서해 달라고 부르짖읍시다."

나는 성령의 강한 임재를 깨닫고 순서에 없던 통성기도를 하게 했다. 180여 명의 소년원생이 모두 의자에서 내려와 식당 콘크리트 바닥에 엎드리고 주님을 부르며 눈물로 회개하기 시작했다. 아직 나이 어리고 믿음생활을 시작한 지도 얼마 안 되는 소년원생들이 30여 분 동안 통곡했다. 온몸을 흔들고 비틀며, 바닥을 손으로 치며, 기도하는 광경이 활활 타는 불도가니와 같았다. 하나님 아버지께 회개하며 돌아오는 시간이었다.

'일을 행하시는 여호와 그것을 만들며 성취하시는 여호와 그 이름을 여호와라 하는 이가 이와 같이 이르시도다. 너는 내게 부르짖으라 내가 네게 응답하겠고 네가 알지 못하는 크고 은밀한 일을 네게 보이리라.'(렘33:32-33) 이 말씀을 문자 그대로 믿게 했다.

"세상에서는 아무 소망을 찾지 못하는 당신의 자녀들입니다. 오직 주 예수 안에서 천국의 소망을 갖게 해 주세요. 이번 신앙수

너도 이와 같이 하라

련회를 통해 원생들 모두가 주님의 은혜를 받아 변화되고, 구원의 확신을 갖게 하여 주소서."

금식하며 수많은 밤을 하얗게 지새우며 간구했던 기도 제목이었다. 하나님은 그 기도 제목을 주시고, 응답하신 것이다. 나는 그때 확실하게 깨달을 수 있었다. 응답받는 모든 기도의 제목은 하나님이 주신다는 사실을. 소년원 선교사역 46년째를 맞는 지금까지도 충주소년원 제1회 신앙수련회는 아주 특별한 성령의 역사가 있었던 기억으로 남아 있다.

믿을 수 있겠니?

소년원생들은 10대 청소년들이다. 범행을 시도하는 소년들은 대체로 건강한 체격의 소유자들이다. 그래서인지 수용 인원에 비해 환자 발생이 적은 편이다. 더욱이 충주소년원생들은 전국의 각 소년원에서 힘깨나 쓰는 아이들을 모아 놓은 곳이다. 거의 모든 원생이 건강했다. 어느 주일이었다. 신관에서 예배를 마치고 나가려는데 기독교 반장이 왔다.

"전도사님, 용현(가명)이 많이 아픈데 기도해 주실 수 있으세요?"

"용현이가 아파? 어디가 아픈데?"

팔과 다리의 관절이 안 좋아서 방에 누워 있은 지가 벌써 두 달

째라고. 줄지어 앉아 있는 원생들을 지나 복도 끝에 있는 7호실로 갔다. 문을 열자, 고약한 냄새가 진동했다. 용현은 좁은 방에서 식사하고 대소변도 친구들의 도움을 받아 해결하고 있었다. 몸도 씻지 못했다. 여러 냄새가 뒤섞여서 역겨운 것은 당연했다. 누워 있는 용현은 돌아눕기도 힘들 만큼 몸이 많이 부어 있었다. 사람이 이렇게 되도록 방치한 사실이 이해되지 않았다. 기독교 반장은 내가 하나님께 기도하면 깨끗이 치료될 것으로 기대하는 눈치였다. 한데 용현의 상태는 너무나 심각해 보였다. 기도는 하겠지만, 어쩐지 나을 것 같지 않았다. 기도했는데 낫지 않으면 아이들이 실망할 것이고, 크게 부흥하고 있는 충주소년원 사역에 지장이 될 것 같았다. 나는 꾀를 내었다. 용현이가 믿을 수 없다는 대답을 하게 되면, '네가 믿지 못하면 내가 아무리 기도해도 병이 낫지 않는 거야'라는 말을 준비하고 질문을 했다.

"용현아, 성경 말씀 중에 예수께서 눈먼 자를 눈뜨게 해 주셨다는 말씀이 있는데, 그 말씀을 믿을 수 있니?"

"네 믿습니다."

"그러면 베데스다 연못가에서 38년 된 병자를 고쳐 주신 것도 믿을 수 있겠어?"

"네 믿습니다."

용현이가 머리를 가로저을 것을 기대하며 질문했지만, 아이는 망설임 없이 믿는다고 대답했다.

너도 이와 같이 하라

"그러면 나사로라는 청년이 죽어서 무덤에 장사 지낸 지가 나흘이나 되었는데, 예수께서 무덤 앞에서 나사로야 나오너라 부르시자 죽었던 나사로가 살아서 걸어 나왔다고 기록되어 있어. 그 말씀도 믿을 수 있겠니?"

나는 믿지 못하겠다는 대답이 나올 수도 있다고 예상하며 질문했는데, 용현의 대답은 시종일관 '네, 믿습니다.'였다. 누운 채로 나의 얼굴을 올려다보는 용현의 눈동자는 간절함을 담고 있다. 복심을 품었던 나는 그 아이를 똑바로 바라볼 염치가 없었다. 용현이가 나의 질문에 믿지 못하겠다고 말하면, '네가 믿지 못하면 내가 기도해도 안 낫는 거야.'라고 핑계를 대고 기도하지 않을 속셈이었다. 물에 빠진 사람이 지푸라기라도 잡는 심정이었는지, 아니면 내가 기도하면 주님께서 치료해 주실 것이라는 강한 믿음이 있었는지, 나의 걱정과는 상관없이 기도하지 않으면 안 되는 상황이 되었다.

"전도사님이 용현이를 위해 기도할 터이니, 여러분도 함께 기도해 주세요."

내 말이 끝나기도 전에 기다렸다는 듯이 큰 소리로 대답하는 아이들은 내가 용현을 만나는 동안 각자의 방으로 들어가지 않고 복도에 앉아 있었다. 도움을 요청하고 함께 기도를 시작했다.

"하나님 아버지. 이 아들을 불쌍히 여겨 주시옵소서. 주님 피 묻은 손으로 안수해 주시고, 깨끗이 치료해 주시옵소서. 하나님께서 살아 계심을 보여 주시옵소서."

중병으로 누워 있는 용현이의 모습이 애처로웠다. 만일 기도한 후에 용현의 병이 낫지 않으면 어떡하나 싶은 걱정 때문이었을까. 왈칵 눈물부터 쏟아졌다. 온몸이 퉁퉁 부은 채로 누워 있는 용현을 끌어안고 울부짖었다. 한참을 울면서 기도하다 보니, 복도에 있던 아이들도 통곡하며 기도하는 게 아닌가.

"여러분, 예수님께서 눈먼 사람들에게 내가 너희를 보게 할 수 있다고 믿느냐? 물었습니다. '그렇습니다'라는 그들의 대답을 들으시고, 예수님은 그들의 눈을 만지시며 '너희 믿음대로 되라'고 말씀하셨습니다. 그러자 즉시 그들의 눈이 열렸습니다. 주님께서는 우리 믿음을 보십니다. 다음 주일에 내가 올 때까지 용현을 위해 계속 기도해 주세요."

아이들에게 계속 쉬지 말고 기도하자고 당부했다. 나도 집으로 돌아가는 버스 안에서 오로지 용현의 병을 고쳐 주십사며 쉬지 않고 주님께 간구했다.

믿음은 적고 마음은 힘들었던 한 주간

용현을 위한 기도를 하면서 밤 열한 시쯤 집에 도착했다. 그때 나는 결혼 5개월쯤 된 신혼이었다. 아내가 차려 온 밥상 앞에서 용현의 병을 고쳐 달라는 식사 기도를 했다.

"무슨 식사 기도가 그래요?"

아내가 눈을 동그랗게 떴다. 나는 충주소년원에서 예배드린 것과 용현의 이야기를 하면서 특별 기도를 부탁했다. 이튿날 서울역 광장에 노방전도를 나갔다. 당시에는 서울역 앞에 육교가 있었다. 책가방을 들고 육교 계단 중간쯤 올라가는데, 좁은 방에 누워 있던 용현의 모습이 떠올랐다.

"하나님, 불쌍한 용현이를 고쳐 주셔야 합니다. 용현이가 고침을 받아야 아이들이 하나님 살아 계신 것을 확실하게 믿을 수 있지 않겠습니까?"

나는 그 자리에서 누가 보든지 말든지 육교 난간을 붙잡고 선 채로 기도를 했다. 눈물이 철철 흘러내렸다.

"뭐야? 정신병자 아니야?"

계단을 올라가던 20대 청년들이 내 볼을 툭 치고 갔다. 머리 위쪽에 손가락을 빙빙 돌리고 낄낄대며 희롱했다. 나는 개의치 않았다. 아무 반응도 않고 육교 계단에 선 채로 병마에 시달리고 있을 용현을 위해 한참 동안 기도했다.

"쉬지 말고 기도하라"(살전5:17)는 말씀을 아주 간절하고도 착실하게 실천한 한 주간이었다. 눈을 뜨나 감으나 무엇을 해도 온통 용현을 위한 기도밖에 없었다.

일주일이 지나고 충주로 향하는 나의 발걸음은 무겁기만 했다. 정말 쉬지 않고 실천한 기도였지만, 나의 믿음은 적고 마음은 힘들었다. 용현의 병은 차도가 있었을까? 궁금하고 기대도 되며 또 염려하는 가운데 소년원에 도착했다. 원생들이 복도에 줄지어 앉아서 찬송을 힘차게 부르고 있었다. 의자에 앉아 잠시 묵상기도를 했다. 찬송이 끝난 시간에 내가 맨 끝 방에 있는 7호실 아이들을 향해서 큰 소리로 물었다.

"용현이 어떻게 되었니?"

"안고 나갈까요?"

7호실 아이들이 합창이라도 하듯이 똑같이 반문했다. 순간 가슴이 덜컥 내려앉았다. 그대로구나 싶어 힘이 빠졌다.

"그래, 안고 나오너라."

7호실의 문이 열렸다. '전도사님. 오셨어요.' 떨리는 목소리 뒤에 용현이가 걸어 나왔다. 비틀거리며 걷는 용현을 향해서 나는 빠르게 걸어갔다. 복도에 빼곡하게 앉아 있던 아이들은 누가 말하지 않아도 일제히 양쪽 옆으로 비키면서 좁은 복도 가운데 길을 열어 주었다.

"하나님, 감사합니다. 하나님의 살아 계심을 나타내시고 용현이를 고쳐 주시니, 하나님께 영광을 돌립니다. 이 믿음 없는 종을 용서해 주시옵소서."

용현을 끌어안고 아이들과 함께 감사기도를 드렸다. 지난 주일 내가 떠나고 난 뒤, 아이들은 각방에서 뜨겁게 중보기도를 시

너도 이와 같이 하라

작했다. 용현도 쉬지 않고 기도했단다. 그러자 부기가 조금씩 빠지기 시작하더니, 통증도 사라지고 움직일 수 있을 만큼 몸이 가벼워졌다고. 같은 방의 아이들이 일주일 동안 일어난 일을 다투어 말했다. 나는 용현의 병이 중한 것으로 보고 기도한 후에 낫지 않으면 어찌할까 걱정했는데, 하나님께서는 중보기도와 용현의 믿음을 보시고 고쳐 주셨다.

소년원 아이들의 아버지

하나님의 계획은 달랐다

1981년 가을 어느 주일이었다. 소년원에 도착했는데, 세 분 과장님이 사무실에서 나를 기다리고 있었다. 그리고 예배를 중단하라고 통보했다. 아이들과 마지막 인사라도 할 수 있게 해 달라고했지만, 그것마저 거절당했다. 이유도 모른 채 받아들일 수밖에 없었다. 충주소년원 사역을 시작한 지 2년이 지나고 하나님의 은혜로 영적 부흥이 크게 일어나던 때였다. 내 생애에 가장 어려운 시기를 지나면서도 충주소년원 소망교회 개척에 최선을 다했다. 먼 길을 마다치 않고 차를 4번이나 갈아타면서 온 열정을 쏟았다. 실망과 좌절감이 밀려왔다. 느닷없이 닥친 소식에 맥이 풀렸다. 충주소년원 선교에 함께했던 박양덕 전도사는 인천소년교도소에서 선교하자고 제의했다. 우리는 인천소년교도소를 방문하고 이정찬 소장을 만났다. 그분은 목사의 직분으로 교정사역을 충실히 감당하고 있는 분이었다.

너도 이와 같이 하라

"두 분 전도사님께서 이렇게 찾아와 주시니, 정말 반갑고 하나님께 감사드립니다. 전도사님. 이번 주부터 금요일 집회를 맡아서 수고해 주시면 좋겠습니다."

매주 금요일마다 집회를 인도하기로 했다. 교도소 사역은 소년원선교와는 큰 차이가 있었다. 프로그램을 진행할 수 없고, 말씀만 전할 뿐이었다. 여러모로 아쉬움이 남았다.

나는 서울소년원 사역으로 다시 돌아갈 수도 있었지만, 충주소년원에서 있었던 마음의 상처가 너무 크고 깊었다. 다시 시작할 엄두를 내지 못하고 있었다. 충주소년원 선교에 온 힘을 쏟느라, 1년 동안 휴학하고 있던 칼빈 신학교에 복학했다. 인천소년교도소 사역을 하면서 학업을 병행했지만, 여러 가지로 마음이 복잡하여 공부에 집중할 수가 없었다.

어느 날 이주영 학장님의 설교학 시간에 시험이 있었다. 5분 동안 설교하는 실기 시험이었다. 나는 사도행전 20장(17-24)을 본문으로 택하여 설교했다. 모처럼 정장을 차려입고 10여 명의 신학생이 차례대로 설교를 마치자, 이주영 학장님의 피드백이 있었다. 설교자로서의 장단점을 일일이 짚어 주셨다. 내 차례가 되어서 어떻게 평가하실지 마음을 졸이고 있는데 건너뛰었다. 영문을 몰라 하고 있는데, 맨 마지막에 내 설교를 평가했다.

"여러분의 설교를 잘 들었습니다. 오늘 설교자로서 천부적인 은사가 있는 한 사람을 발견했습니다. 목소리도 좋고 자세도 좋고 힘도 있습니다. 바로 김원균 전도사입니다. 김 전도사는 금구(金口)를 가진 사람입니다. 한 세기에 한 사람 나올까 말까 한 그런 설교자가 될 것 같습니다."

뜻밖의 극찬에 학우들의 박수가 쏟아졌다. 나는 몸 둘 바를 몰라 했지만 내심으론 기뻤다. 학장님으로부터 설교 잘한다는 칭찬을 듣고 나니, 일반목회를 하고 싶은 욕심이 부쩍 생겼다. 소년원 선교에 실망한 뒤라 더욱 그랬다. 일반목회를 하려면 훌륭한 목사님 곁에서 보고 배우는 것이 좋을 것 같은 생각이 들었다.

성경 지식이 많고 총신에서 설교학을 가르치시는 박희천 목사님이 시무하는 내수동교회를 소개받았다. 가족과 함께 출석했다. 전도사로서 사역하고 있었지만, 내수동교회에서는 유초등부 주일학교 교사를 지원하여 섬겼다. 이 교회에서 주일학교 교사로 1년 가까이 섬겼을 때였다. 어느 날 장로님 두 분이 나를 불렀다.

"김원균 선생이 전도사라는 말을 들었는데, 그 말이 사실입니까?"

소년원과 소년교도소 선교를 확인했다. 우리 교회도 대외적으로 긍휼 사역을 준비하고 있으며 교회가 지원할 테니 함께 섬겨보자고 했다. 두 분 장로님은 곧바로 소년원 선교사역을 어떻게 할 것인지 의논했다.

그 무렵 박양덕 전도사와 나는 춘천소년원을 방문해서 예배를 드릴 수 있도록 서정욱 원장에게 허락받은 터였다. 그 후 내수동교회 두 분 장로의 지원 아래 춘천소년원 선교사역이 본격적으로

너도 이와 같이 하라

성사되었다. 내수동교회는 나에게 약간의 교통비만을 지원했다. 그런데 신앙수련회 때는 교사를 20여 명이나 보내 주고 책임자인 김봉선 장로가 대대적으로 지원했다.

춘천소년원에 교회를 개척하여 주일마다 예배를 드리고, 성경을 가르쳤다. 소년원 아이들의 영혼을 구원하는 사역이 활발하게 펼쳐졌다.

요나가 니느웨 성으로 가서 복음을 전하라 명령하신 하나님께 불순종하고 다시스로 향하는 배에 승선했다. 전능하신 하나님께서 풍랑과 큰 물고기를 사용하여 니느웨로 가게 하시고, 니느웨를 구원하는 선지자로 요나를 사용하셨다.

나는 내심 일반목회를 준비하려고 찾아갔던 내수동교회였다. 그러나 하나님께선 요나처럼 본격적인 소년원 선교사역자로 다시 세워 사용하셨다. 내 생각과 하나님의 계획이 다른 것을 확인하고 나는 의심치 않고 굴복했다.

한 사람의 예배자를 통해

1982년 겨울, 춘천소년원에서 신앙수련회를 열던 때였다. 내수동교회의 지원 아래 10여 명의 교사가 자원했다. 그 당시엔 4박 5일 동안 오전 오후에 이어 저녁까지 집회를 했다. 소년원의 여러 제약으로 인해 낮 동안에만 진행하는 3박 4일의 요즘 신앙수련회에 비하면, 시간과 효과 면에서 갑절에 해당하는 일정이었다. 교사들은 소년원 생활관 한쪽 건물에 숙소를 정하고, 소년원 식당에서 함께 콩밥을 먹었다. 먹거리가 넉넉지 않던 시절이라, 보리와 콩을 많이 섞은 밥에서 야릇한 냄새가 났다. 모든 것이 부족하고 여의치 않았지만, 소년원생들의 영혼 구원을 위해 전심으로 임했다.

대다수 교사가 내수동교회 교인이었는데, 담임 박희천 목사님의 장남 박진수 형제가 참여했다. 연세대 의대 수련의였는데, 집회를 돕기 위해 휴가를 냈다. 수련회 첫날 개회 예배 찬양이 있었다. 박진수 형제가 처음 시작할 때부터 무릎을 꿇고 앉았다. 어찌나 눈물을 흘리던지 눈물샘이 터진 줄 알았다. 찬양을 시작한 지 십여 분이 지나도록 가슴을 움켜쥐고 눈물을 펑펑 쏟으며 찬양했다. 주변에 있던 소년원생들이 박진수 형제를 바라보며 키득거렸다. 나는 강단 의자에 앉아서 찬양을 부르다가 우려하는 마음이 생겼다. 찬양이 더욱 고조되면서 소년원생들의 마음 문이 열릴 시간이 되었는데, 기대와는 달랐기 때문이다.

"주님! 아이들의 마음에 성령의 감동을 주십시오. 장난치고 비웃는 저 아이들도 하나님 아버지께 눈물로 기도하고 찬양하게 해 주시기를 원합니다."

사람의 마음을 감동케 하고 움직이는 하나님께 '왕의 마음이 여호와의 손에 있음이 마치 보의 물과 같아서 그가 임의로 인도하시느니라.'(잠21:1) 이 말씀을 붙들고 애타게 기도했다.

저녁부흥회 시간에도 박진수 형제는 찬양이 시작되자마자, 무릎을 꿇고 가슴을 치며 눈물로 부르짖는 찬양을 올렸다. 그런데 오전 개회 예배 시간에 웃고 장난치던 아이들의 태도가 달라졌다. 박진수 형제 옆에 있던 서너 명의 아이들이 무릎을 꿇는가 했더니, 그 아이들도 눈물을 흘리면서 찬양을 드렸다. 아이들이 하나님의 성령에 감동되어 자신들을 위해 수고하시는 선생님의 진심 어린 눈물에 녹아든 것 같았다. 박진수 형제가 무엇 때문에 가슴을 부여잡고 찬양의 기도를 드렸는지 다른 이들은 알지 못한다. 그러나 전염병이 퍼지듯, 그들의 심령에 파고드는 찬양인 것은 분명했다.

마음의 주파수를 하늘나라 기지국에 맞추어서 찬양하는 자, 주님이 찾으시는 그 한 사람의 예배자를 통해 그날 우리는 영적 부흥을 경험했다. 찬양을 통해서 은혜가 크게 임했고, 그 자리에 함께한 원생들의 심령이 새롭게 변화를 받은 것이다.

"저기 앉아서 열심히 찬양하던 선생님은 수련 의사 선생님인데, 1년에 겨우 한 번 휴가 받을 수 있는 시간을 이곳에 오기 위해 사용했습니다. 여러분도 열심히 예배에 임하기를 바랍니다."

찬양이 끝나고 박진수 선생을 소개했다. 아이들은 '아멘'으로 일제히 화답했고, 수련회의 분위기는 점점 뜨거워져 갔다. 내수동교회 교사 인솔자인 김봉선 장로님이 부흥회의 대표기도를 했다. 소년원의 어린 영혼들을 하나님의 사랑으로 품어 주시고 구원해 주시기를 통곡하며 기도했다. 예배당 안의 모든 소년원생도 자신의 잘못을 뉘우치며 눈물의 기도를 드렸다.

'목마른 자는 다 내게로 와서 마셔라. 나를 믿는 자는 성경에 이름과 같이 그 배에서 생수의 강이 흘러나리라. 하시니'(요7:37-38)

법무부 장관의 지시

춘천소년원생들이 신앙수련회를 마친 후 생활 태도가 긍정적이고 바른 모습으로 변화하기 시작했다. 두 차례의 신앙수련회를 마치고 일 년이 지났을 때였다. 법무부에서 소년원의 모든 기관장이 장관 입회하에 회의를 가졌다. 그 자리에서 춘천소년원 서정욱 원장이 '기독교 교육이 소년원생 교정교육에 미치는 긍정적인 효과'에 대해 보고했다. 서정욱 원장은 법부무 내에서 인정받는 실력자였다. 매우 합리적이고 품위 있는 신사라는 평판이 자자했다. 서 원장의 브리핑이 끝난 후, 법무부 장관은 즉석에서 소년원의 모든 원장에게 각 소년원에서 기독교 교육을 활성화하라는 지시를 내렸다. 그 일이 있고 난 뒤 청주소년원 이명기 원장에게서 연락이 왔다.

너도 이와 같이 하라

"김 전도사님, 춘천소년원에서 수고 많이 하셨다는 이야기를 들었습니다. 우리 청주소년원에도 교회를 세우고 기독교 교육을 담당해 주십시오."

청주소년원의 초청을 받고 방문했을 때, 청사 현관 마당에 각 과 과장님들과 계장님들이 일렬로 도열하고 나를 맞았다. 사실 이명기 원장님은 불교도였다. 그럼에도 원생들의 변화를 위해서 기독교 교육을 선택하고 또 간곡하게 부탁했다. 나는 즉석에서 청주소년원 소망교회 개척을 결정했다. 하나님의 뜻으로 받았기에 망설일 것이 없었다.

그다음 주일부터 청주소년원 소망교회를 세워 예배를 드리기로 약속했다. 서울로 올라와서 내수동교회 김봉선 장로님과 상의했더니, 김 장로님도 기뻐했다. 그리고 청주소년원 사역에 헌신할 사람들도 추천했다. 춘천소년원 사역은 안정되어 있어서 박양덕 전도사에게 맡겼다. 청주소년원 사역을 위해 나와 일곱 명의 선교사가 청주소년원에 파송되었다. 주일마다 광화문에서 청주를 오르내리는 사역이 시작되었다. 소년원선교에 필요한 재정은 내수동교회에서 지원했다.

청주소년원 선교팀은 특수작전을 수행하는 특공대와 같았다. 매 주일 내수동교회에서 주일 낮 예배를 마친 후 간단한 식사를 마치고 승합차를 달려서 강남 고속터미널로 향했다. 터미널 직원이 미리 구매해 둔 고속버스표를 전달받는다. 그 표를 받아 들고

긴 대합실을 마구 뛰어야 시간을 맞출 수가 있었다. 그렇게 정신없이 고속버스를 탄 후에야 한숨을 돌리곤 했다. 1시간 20분을 달려서 청주터미널에 도착하면, 택시 두 대에 나눠 타고 청주소년원으로 향했다. 예배당까지 뛰어가야 가까스로 예배 시간에 맞출 수가 있었다. 소년원생들이 예배당에 모여 찬양을 부르면서 우리를 기다렸다. 우리는 주일마다 신령과 진정으로 감동의 예배를 드릴 수 있었다.

이때부터 겨자씨선교회를 통해 소년원 내에 교회를 세우도록 하나님이 사람들의 마음을 움직이게 하시는 걸 느낄 수 있었다. 소년원선교에 뜻이 있는 동역자들을 부르고 동참하게 하셨기 때문이다.

과자 창고

1985년 6월, 이명기 원장의 요청을 받고 청주소년원 소망교회 개척 예배를 드렸다. 예배 장소는 소년원에서 소강당으로 사용하는 다목적 홀이었다. 그런데 예사롭지 않은 것이 눈에 띄었다. 홀의 양쪽 끝부분에 검은 커튼이 쳐져 있었다. 우리는 십자가와 강대상이 있는 쪽의 커튼을 열고 예배를 드렸다. 맞은편 쪽에 무엇이 있는지 무척 궁금했다. 예배를 마치고 난 뒤 그곳으로 가서 검

너도 이와 같이 하라

은 커튼을 열었다. 깜짝 놀랐다. 금빛 찬란한 불상이 높은 단 위에 있었다. 그 크기가 천장에 닿을 만큼 컸다.

"내가 살아 계신 예수 그리스도의 이름으로 명하노니, 생명 없는 우상은 하나님께 예배하는 이 거룩한 성전에서 나갈지어다."

나는 이 상황이 불편하여 명령하며 선포 기도를 했다. 나중에 알게 된 사실이지만, 나를 초청해서 교회를 세워 달라고 했던 이명기 원장은 불교 신자 중에도 골수 신자였다. 날마다 염불 수행에 매진하는 사람이었다. 원래 이곳 소강당엔 불상이 안치되어 있고, 그전까지는 불교집회를 했다. 나를 초청해 놓고 급하게 예배당을 준비하다 보니 십자가와 불상을 한 공간에 두게 된 것이다. 극장의 무대처럼 양쪽에 커튼을 쳐 놓고 집회할 때마다 번갈아 사용했다. 나는 예배드릴 때마다 맞은편 검은 커튼 뒤에 있는 불상 때문에 불편했다. 예배가 끝난 후에는 반드시 커튼을 열고 부처상이 나가기를 명령했다.

몇 달이 지나갔다. 그날도 서울에서부터 특공 작전을 수행하듯 정신없이 청주소년원으로 내려갔다. 예배당에 들어서는 순간, 깜짝 놀랐다. 부처상이 있던 자리가 깨끗이 치워져 있었기 때문이다.

"선생님 도대체 어찌 된 일입니까? 부처상은 어디로 갔죠?"

내게 항상 호의적으로 대하던 교직원에게 물었다.

"글쎄, 이곳 아이들이 나일론 끈으로 부처상 목을 잘라 놓고 그

몸통 속에 과자를 감춰 두고는 필요할 때마다 꺼내서 먹었다고 합니다. 지난 주간에 힘센 두 녀석이 서로 맛있는 과자를 먼저 꺼내 먹으려다가 부처상의 팔을 부러뜨리는 바람에 그만 발각이 된 것이지요. 스님이 와서 노발대발하시며 그런 난리도 없었어요."

선생님이 거명하던 아이들은 소년원생 중에서도 극성맞은 고참이었다. 소위 '왈왈이'라 불리는 아이들 패거리였다. 직원들도 버거워했다. 먹을 것이 부족했던 시절이라, 방문자들이 가져다주는 과자를 힘이 센 고참들이 차지하고는 그것도 모자라 남의 것을 뺏어 먹는 일이 다반사였다. 그동안 간식으로 준 과자를 모아 불상의 몸통을 저장소로 이용한 것이었다. 과자를 꺼낸 후에는 부처상의 목을 감쪽같이 제자리에 올려놓았기 때문에 그동안엔 아무도 알 수 없었다. 마침 청주 시내에 있던 큰 절에서 불교집회를 인도하러 왔다가, 깨진 부처상을 보고 한바탕 소동이 벌어졌다. 부처님을 모신 방에 기독교 십자가를 들여놓아서 부정 탔다면서 불교 집회실을 딴 곳으로 옮겨 달라 했다고 한다. 청주소년원 소강당에서 그 사건이 일어난 후 부처상은 옆에 있는 작은 교실로 옮겨졌다. 작은 단을 설치하고 문을 잠가 놓는 것으로 사건은 일단락되었다.

사무엘 5장에 블레셋 군대가 이스라엘을 침략해서 하나님의 언약궤를 빼앗긴 사건이 소개된다. 그들이 섬기는 다곤 신상이 안치된 신전에 언약궤를 두었는데, 다곤 신상이 하나님의 궤 앞에 엎어져 목이 부러지고 두 손목이 끊어진 사실이 기록되어 있다. 예배드리는 성전과 우상이 함께 있는 것을 허용치 않는 하나님을 나의 두 눈으로 똑똑히 목도하게 하셨다. 그 일 이후 다목적 홀은 청주소년원 소망교회 전용 예배당으로 귀하게 사용되었다.

병 주고 약 주신 이유

청주소년원 소망교회 제3회 여름 신앙수련회를 할 때다. 성경공부 교재를 만들고, 교사진을 조직하고, 준비기도회와 강습회 등 만전을 기했다. 25명의 교사가 큰 기대 속에 서울에서 청주로 내려갔다. 청주소년원 생활관에 여장을 풀었다. 개회 예배를 드리기 위해서 예배당에 도착해 보니, 수련회에 참석한 인원이 너무 적었다.

"어제 오전엔 날씨가 멀쩡했는데 갑자기 천둥 번개가 쳤어요. 한 30여 분간 폭우가 쏟아졌는데 운동장에 깊은 도랑이 여러 개 파일 정도로 비가 많이 내리더니 그게 화근이 되었습니다."

교직원은 아이들이 식중독으로 27명이나 누워 있다고 말했다. 설사하고 토하고 애들이 죽을 만큼 아파서 정신이 하나도 없었단다. 교직원은 희한한 일이 일어났다고 했다. 한참 폭우가 쏟아지더니 언제 비가 왔느냐는 듯 순식간에 쾌청한 날씨로 바뀌었다고. 그날 점심 메뉴에 미역냉국이 나왔는데, 주방에선 평소처럼 지하수로 미역냉국을 만들었다. 냉국을 먹은 수십여 명의 원생이 탈이 났다. 갑자기 쏟아진 폭우로 부패한 하수가 역류해서 식수를 오염시킨 것이 원인이었다.

그날 모든 원생이 하루 동안 고생하다가 일부는 회복되고, 증세가 심한 원생 27명은 수액주사를 맞고 누워 있었다. 식중독 환자 27명이 불참한 가운데 신앙수련회는 시작되었다. 저녁 집회까지 일정을 다 마친 뒤, 선교사 25명은 환자들이 있는 방으로 갔다. 누워 있는 아이들은 고열과 복통, 설사로 몹시 괴로워했다. 나는 환자들에게 마가복음 16장~18절 말씀에 병든 자에게 손을 얹고 기도하면 나으리라고 약속하신 예수님의 말씀을 전했다.

"지금 선생님들이 여러분들을 위해 기도할 것이니, 하나님께서 치료해 주실 것을 믿기 바랍니다. 선생님들은 한 사람씩 손을 얹고 안수하며 기도해 주세요."

그러고는 아이들을 위해 간절히 기도했다. 그중에서 왼쪽 다리가 많이 부어 있는 아이를 발견했다.

"너 다리가 심상찮아 보이는데, 어떻게 된 거니?"

"병원에서 제 병이 골수염이래요. 왼쪽 정강이뼈에 골수염이 심각한 상태여서 오늘 병원에서 무릎 위 10센티미터쯤 절단하는 수술을 받기로 했어요. 근데 어제 식중독 때문에 수술이 연기되었어요."

영식은 목이 메어 말을 더듬거렸다. 안타까웠다. 우리가 해 줄 수 있는 것은 기도밖에 없었다. 나는 다리를 절단해야만 하는 영식이가 측은하여 골수염을 고쳐 주시도록 다시 한번 기도하자고 제의했다. 내 허벅지보다 더 굵게 부어 있는 영식의 왼쪽 정강이는 염증이 퍼져서 그런지 빨갛고 몹시 뜨거웠다. 거기에 손을 얹고 고쳐 주시기를 하나님께 간구했다. 숙소에 돌아온 후에도 영식과 환자들을 위해 다 같이 새벽녘까지 부르짖으며 하나님께 매달렸다. 새벽에 잠시 눈을 붙이고 나서 식당으로 갔다. 나와 김봉선 장로는 먼저 생활관의 환자들을 돌아보기 위해 각 호실을 찾았다. 그런데 어젯밤에 그토록 심한 고열과 구토로 고생하던 환자들이 줄지어 복도에 쪼그리고 앉아 있는 게 아닌가.

"어젯밤에 선생님들이 기도해 주고 가신 다음 우리 모두 열이 내리고 구토도 그쳤어요."

아이들은 잠을 편히 잤으며 모두 다 나은 것 같다고 말했다. 죽을 먹으러 식당으로 가려고 집합해 있었다. 환자 방에 있던 아이들이 하나님께서 고쳐 주신 것이 신기하고 감사하다면서 이구동성으로 이야기했다.

"전도사님. 제 다리도 나은 것 같습니다."

아이들 틈에서 앞으로 나온 영식은 바지를 걷어 올렸다. 지난밤에는 고무풍선처럼 부풀고 염증으로 벌겋게 달아올랐던 다리가 완전히 달라져 있었다. 노인의 다리처럼 쪼글쪼글하고 열도

내려 있었다. 간밤에 퉁퉁 부은 다리에서 한동안 분수처럼 물이 쪼르르 쪼르르 쉴 새 없이 빠져나왔다고. 화농이 있던 자리에는 상처가 나아질 때처럼 얇은 딱지마저 있었다. 불과 아홉 시간 만에 영식의 다리가 깨끗하게 나아서 걸을 수 있게 된 것이었다. 영식의 고침받음을 본 우리는 신기해했다. 살아 계신 하나님께 찬양을 드렸다. 치료받은 원생들과 함께 식당으로 갔다. 식탁에 앉았지만, 가슴이 벅차서 밥을 먹을 수가 없었다. 신앙수련회 이틀째 되는 날 오전 예배를 드리면서 경배와 찬양이 끝난 후 영식에게 간증을 권했다.

"어젯밤에 선교사님이 기도해 주실 때, 하나님께서 제 다리를 고쳐 주셨습니다."

강단에 올라온 영식이가 자기 바지를 올렸다.

"식중독에 걸린 여러분, 미안합니다. 하나님께서 병든 내 다리를 절단하는 수술을 하지 못하게 하시려고 큰비를 내리신 것 같아요. 여러분들을 고생하게 하셨으니, 진심으로 미안합니다. 제 다리를 고쳐 주셨으니, 하나님은 정말 살아 계신 것 같습니다."

영식은 새사람이 되어서 선교사님들을 본받아 앞으로는 힘들고 불쌍한 사람들을 찾아다니겠다고 말했다. 하나님의 사랑을 전하는 착한 사람이 되고 싶다며 울먹였다. 진심으로 다짐하는 영식에게 박수갈채가 터졌다.

병 주고 약 주시고 치유하시는 하나님의 역사였다. 살아 계신 하나님을 목도한 특별한 수련회였다.

서울소년원에 뿌리를 내리다

서울에서 청주까지 매주 내수동교회 특공대와 빠듯한 일정을 줄타기했다. 청주소년원 사역에 전념하고자 우리 가족은 아예 청주로 이사했다. 청주 시내에 있는 교회들에서도 소식을 듣고 청주소년원 선교에 관심을 가졌다. 선교사역에 헌신하는 교사들이 늘어나기 시작했다. 소년원선교가 점점 더 뜨겁게 자리를 잡아가고, 우리 가족도 청주에서의 생활에 적응되어 갔다. 그 1년은 아주 특별하고 가슴 벅찬 나날이었다. 그러던 어느 날, 서울소년원을 담당하고 있던 김복심 전도사님에게서 연락이 왔다.

"서울소년원에서 함께 사역하는 전도사가 많지만 아무리 기도해도 김 전도사님만 떠올라요. 서울로 왔으면 좋겠어요. 이제 청주는 안정되었으니까, 다른 사람에게 맡겨도 되잖아요."

김복심 전도사님은 나이가 들어서 소년원선교를 그만하고 싶다고 했다. 마침 서울소년원이 이전하니까 나에게 다시 서울소년원을 맡아 달라고 했다. 나는 지방에 있는 소년원교회를 개척하는 중에도 항상 서울소년원 사역에 관여했다. 특히 일 년에 두 번 개최하는 신앙수련회는 내가 주관했다. 연세 지긋하신 김 전도사님의 말씀을 수락하는 것이 좋을 것 같았다. 청주소년원 사역을 이재환 전도사님에게 인계하고 서울로 가기로 했다.

이재환 전도사님은 청소년기에 제법 긴 방황의 시기를 보냈는데, 예수님을 믿고 새사람이 되었다. 방황하는 소년원 아이들에게 복음 전하는 일을 하고 싶다고 나를 찾아왔던 사람이다. 이재환 형제는 그가 출석하는 청북교회에서 열 명 가까운 청년들을 참여시켰다. 나와 함께 청주소년원 사역을 시작했을 때에도 열심을 다했다.

이재환 형제가 신학공부 상담을 요청했다. 누구보다도 소년원생들을 잘 알고 사랑하는 형제이기에 나는 기쁘게 반겼다. 이재환 형제는 서울 장신대에 입학했다. 그는 세탁소를 운영하며 신학을 공부했다. 지난한 시절을 이겨 낸 우직한 이재환 전도사를 신뢰하기에, 청주소망교회의 중추적인 역할을 그에게 맡겼다.

1986년 가을, 서울소년원이 서울 불광동에서 경기도 의왕시로 이전했다. 서울소년원이 이사하기 전에 우리 가족은 서울로 이사를 했다. 나의 사명을 따라 자주 이사를 했기에 가족들에게 늘 미안했다. 버스를 세 번이나 갈아타고 물어물어 찾아간 서울소년원은 의왕시에 있는 오봉산 밑에 자리를 잡고 있었다. 논과 밭을 지나 소년원 정문으로 들어서면, 행정을 보는 청사가 있었다. 그 안으로 들어서면 넓은 운동장과 ㄷ 자 모양의 생활관과 교육관 건물이 있다. 새 건물엔 아직 소년원생들이 이사 오기 전이어서 텅 텅 비어 있었다. 불광동의 건물과는 비교가 안 될 만큼 시설이 좋았다.

원생들의 생활관이 있는 2층의 소강당을 예배당으로 사용 허락을 받았다. 동분서주하며 예배당 집기를 구입했다. 피아노를 들여놓고 앰프를 설치하고 강단에 십자가를 걸어 놓으니, 제법 예배당 분위기가 났다. 몇 주 후 소년원생들이 이사를 왔다. 그 당시에는 소년원을 위한 정부 예산이 없어서, 소년원의 생활용품이 턱없이 부족했다.

나는 생활관 방마다 필요한 용품과 전자제품들을 사 주기 위해서 교인들에게 부탁하며 기도했다. 복도 벽에는 액자를 걸고 생활관 호실마다 중고 TV, 쓰레기통, 천장형 선풍기를 비치했다. 그때 원생 식당 천장에 달아 준 선풍기는 많은 세월이 지났지만, 현재도 잘 돌아가고 있다. 그뿐만 아니라 소년원 각 사무실의 응접실 소파까지 모두 후원자들의 후원금으로 충당할 수 있었다. 하나님께서 모든 것을 풍족하게 채워 주셨다. 어리고 부족한 종이 서울소년원 사역에 뿌리를 내릴 수 있도록 때를 따라 도우셨다.

개척자들의 헌신

서울소년원이 경기도 의왕시로 이전하면서 선교사역은 사실상 새로운 개척이나 마찬가지였다. 교사 모임을 위해 지난 2년여 동안 청주소년원 선교사역에 동역하였던 내수동교회의 지체들을 중심으로 지혜와 마음을 모았다. 하지만 그리 녹록지만은 않았다. 소년원선교라는 특수한 사역에 헌신하겠다는 동역자를 찾기란 그리 쉽지 않았다. 서울소년원은 교통 또한 매우 불편했다. 서울에서 1호선 전철을 타고 경기도 군포역에 내린 뒤 한참을 걸어야 버스 정류장이 있었다.

꼬불꼬불하고 좁은 군포공단 길을 버스는 곡예사처럼 흔들거리며 달렸다. 정류장에 내리면 또 논둑길을 한참 걸어가야 소년원이 있었다. 지금은 소년원 정문 앞에 8차선 도로가 나 있고 아파트와 군포공단 시설이 들어서서 많이 변화되었지만, 그때 서울소년원 주변은 논과 밭이 전부인 한적한 시골 동네였다.

당시엔 소년원생들이 많아서 기독교 반에 참여하는 아이들이 400명이 넘었다. 간식을 제공할 재정이 여의치 않았다. 교사도 부족하여 나도 설교를 마친 후에 분반 공부 교사를 겸했다. 어느 날 귤을 1인당 3개씩 나눠 주었다. 잠시 기도하고 보니 원생들 손에 들려 있던 귤이 보이질 않았다.

"얘들아. 오랜만에 먹는 간식인데, 귤을 먼저 먹고 성경 공부하자."

"선교사님, 우리 다 먹었어요."

한 아이가 겸연쩍게 입을 열었다.

"귤껍질도 없는데 언제 먹었다는 거야. 껍질 어딨어?"

너도 이와 같이 하라

"껍질까지 다 먹었는데요."

한참 성장기였던 십 대 원생들은 귤껍질도 남김없이 다 먹어 버린 것이었다. 귤 세 개를 껍질까지 다 먹고 입맛을 다시는 아이들을 보노라니 마음이 짠했다. 그날 성경 말씀을 가르치는데, 목이 메어 소리가 잘 나오지 않았다. 어려운 여건에서 소년원선교에 헌신하는 교사들이 늘 함께했다. 차를 두 번 혹은 세 번씩 갈아타고 오는 형편이었지만, 웬만한 일로는 불참하지 않았다. 초창기에 교사들의 열정은 참으로 대단했다. 교사 중 한 분은 반 학생이 병으로 누워 있자 3일간 금식하며 중보기도를 했다. 자기 반 학생이 다른 종교집회에 가면 안타깝고 마음이 아프다면서, 사역을 마치고 집으로 돌아가는 중에도 눈물을 흘리는 분이었다.

그땐 너나없이 가난하고 어려운 처지였다. 교사들이 선교사역을 마치면 총무 교사가 공금으로 구입한 버스 토큰 2개씩을 나누어 주었다. 그 토큰이 우리를 집으로 데려가는 귀한 여비였다. 선생님들은 귀가 시간에 쫓기면서도 삼삼오오 제자들과 성경공부를 하고 아이들의 고민도 들어 주었던 이야기로 꽃을 피웠다. 아이들이 변화하는 모습을 보면 기쁨이요 최고의 보람이라며 입을 모았다. 시간이 맞지 않아 점심밥을 굶고 온 교사들도 서둘러 집으로 돌아가지 않았다. 허기진 배를 움켜쥐고 상담과 성경공부 대열에 합류했다. 그리스도의 사랑이 흘러 들어가면 예상할 수 없는 경험을 하게 된다. 원생들 사이에서도 사랑과 우정이 피어나고 생명이 살아났다. 교사들의 헌신은 소년원선교 개척자라는 자긍심과 함께 한 알의 밀알이 되어 갔다.

화재경보기가 울렸다

서울소년원에선 기독교, 천주교, 불교, 원불교 4대 종교가 같은 시간에 각각의 집회실에서 모임을 갖는다. 그때 서울소년원생은 4백여 명이었다. 그들 중에 80% 이상이 기독교 예배에 참석했다. 원생들이 많이 모여들어 예배당엔 앉을 자리가 부족했다. 그래서 강단 위 강대상 주변에 앉아서 설교를 들었다. 설교를 듣던 상당수의 소년원생이 예배당 마루에 무릎을 꿇고 통곡했다. 성령의 임재가 뜨겁게 일어나면 가슴을 치며 죄를 회개했다. 거칠게 행동하던 아이들은 태도도 행동도 유순해졌다.

삼복더위가 기승을 부리던 1994년 여름은 유난히 더웠다. 그러나 무더위도 성령 체험을 사모하는 마음만은 막을 수 없었다. 신앙수련회는 봉사자들을 포함해서 약 400명이 집회에 참석한다. 간절하게 기도하며 얼마나 뜨겁게 부르짖고 기도했는지, 그 열기가 예배당에 가득했다. 에어컨이 없던 시절이었다. 천장에서 돌아가는 선풍기 바람으로는 그 열을 식힐 수가 없었다. 실내를 가득 메운 사람들의 체온 때문인지, 화재 경보가 울렸다. 그러자 교직원들이 뛰어오고, 한바탕 소동이 벌어졌다. 일 년에 2번 실시하는 신앙수련회엔 많은 소년원생이 참석하며, 그들 중 상당수가 변화를 체험한다. 가장 먼저 예수님을 영접하고 믿음이 강해진다. 수련회 때 받은 성령 충만한 상태를 유지하기 위해 아이들은 자발적으로 기도 모임을 갖는다. 고 3반에서 시작된 기도 모임이 소년원생들이 경쟁이라도 하듯, 다른 반으로 퍼져 나가기 시작했다. 모든 반에서 기도 부흥 운동이 일어났다. 매일 저녁 식사 후에 모여서 찬송하고, 성경을 읽고, 기도하는 시간을 가졌다.

이렇게 믿음을 다지는 소년원생들은 사회에서 경험할 수 없는 새로운 시간을 맞이한다. 우선 마음이 겸손해지고 하나님을 바라보는 아이로 바뀌는 것이다. 말씀대로 살고자 하는 태도 전환이 일어난다.

어느 주일. 예배를 마치고 소년원 생활관 문을 나서는데 김성재(가명) 군이 인사를 했다. 출입문을 열어 주던 교직원 한 분이 웃으며 말했다.

"선교사님, 성재가 우리 반 학생인데 저 녀석 별명이 목사입니다. 성재가 모범적인 생활을 해요. 성재 앞에서는 저도 말과 행동을 조심하게 된다니까요. 다른 교직원들도 성재를 대할 때 조심스럽다고 하더라고요."

교직원은 기독교에서 소년원생들을 잘 지도해 준 덕분이라고 감사했다. 다시는 죄 가운데 빠지지 않고 하나님의 자녀로 살고

자 하는 마음의 다짐과 결단이 저들을 변화시킨 것이리라. 하나님의 특별한 은총이 아닐 수 없다. 살아가는 동안 화재경보기가 울릴 만큼 뜨겁게 기도하던 경험을 어디에서 다시 할 수 있을까?

'이같이 너희 빛이 사람 앞에 비치게 하여 그들로 너희 착한 행실을 보고 하늘에 계신 너희 아버지께 영광을 돌리게 하라.'(마 5:16)는 말씀이 생각났다. 보람과 감동과 무거운 책임감도 따랐다.

소년원 선교의 꽃

퇴원을 앞둔 원생 대부분은 매일 아침 달력에 동그라미를 그린다. 어서 빨리 시간이 흘러 소년원 밖으로 나가기를 손꼽아 기다리는 것이 유일한 바람이자 소원이다. 소년원생에게 있어 퇴원이란 잃어버렸던 자유를 다시 찾는 일이다. 마치 철장에 갇혀 있던 새가 풀려나와 자유로이 창공을 날듯 다시 얻은 자유를 만끽하고 싶은 것이리라.

2007년 8월 서울소년원에서 있을 수 없는 일이 벌어졌다. 7월 말 퇴원 예정이던 용준(가명)이와 성두(가명)가 퇴원을 12일 동안 미뤘다. 8월 둘째 주에 개최하는 신앙수련회에 참석하려고 퇴원을 미룬 것이다.

제56회 신앙수련회 때였다. 두 아이는 믿음을 강하게 단련하고 영적으로 무장하여 퇴원하기를 원했다. 그래야 재범에 빠지지 않을 것이라고 했다. 그들은 특별히 허락받고, 신앙수련회를 마치는 날 소년원을 나갔다.

기독교 신앙은 먼저 이 세상을 지으신 창조주 하나님을 알고 믿는 것이다. 우리 죄를 사하기 위해 이 땅에 오신 예수님을 하나님의 아들로 믿는 것이다. 믿음은 예수님을 영접하는 것이며, 죄 사함을 받고 구원받아서 천국에 갈 것을 확신하는 것이다. 예수님의 재림과 심판을 믿으며 동시에 진실하고 성실한 삶을 살아야 한다. 하나님의 말씀인 성경에 근거를 두고 순종하며 실천하여 하나님의 영광을 나타내는 것이다.

이 믿음을 심어 주고 이와 같은 신앙고백을 할 수 있도록 특별한 프로그램을 실시하는 것이 바로 신앙수련회이다. 매년 1월과 8월에 두 차례씩 열었던 신앙수련회는 소년원선교의 꽃이라고 할 수 있다. 내가 고봉소망교회의 신앙수련회를 이렇게 비유하는 까닭에는 그만한 이유가 있다. 소년원생은 교회를 조금씩 다녀 본 경험이 있지만, 대다수가 예수님을 믿지 않는 소년들이다. 사회에 있을 때는 가정환경이나 처한 상황이 불안정한 상태가 많다. 신앙생활을 할 수 없는 요인이다. 또 소년원에 들어와서는 기독교 예배에 나왔지만 잘 적응하지 못하는 이유도 있다. 소년원생들은 하루만 먼저 수용되어도 고참 행세를 한다. 힘깨나 쓰는 원생들에게 괴롭힘을 당할 수도 있기에, 늘 긴장하고 눈치를 살피느라 편안하지 못하다.

그러나 많은 소년원생이 예수님을 영접하고 은혜를 체험하는 것은 전도 집회 형식으로 열리는 신앙수련회를 통해서다. 신앙수련회에서 믿음의 꽃이 만발하고 나면, 생명의 열매들이 많이 열리기 때문이다.

신앙수련회의 특징이자 자랑이라면, 선교사로 헌신하는 분들이 학생들보다 더 많다는 것이다. 일반교회들은 신앙수련회 때마다 교사가 부족해서 쩔쩔매는 것이 다반사다. 우리는 학생과 선교사가 일대일로 4일 동안 성경을 가르치고 상담하면서 밀착 지도를 한다. 참여한 학생들 대다수가 예수님을 영접하고 죄를 용서받은 것에 감격한다. 하나님께 감사의 편지를 쓰고 간증하면서는 상기된 모습을 볼 수 있다. 구원받은 영혼들이 기뻐 뛰는 현장을 목격할 수 있다. 과거에는 소년원생 교육 기간이 1년 6개월이어서 신앙수련회를 세 번 경험하는 원생들도 있었다.

또 한 가지 특별한 일은 신앙수련회에 필요한 재정 일체를 헌신하고자 자원한 선교사들의 자발적인 헌금으로 충당되고 있다는 것이다. 그뿐만 아니라 신앙수련회 일정을 발표하면, 고봉소망교회 주일 선교사들이 윤번제로 금식하며 수련회가 끝나는 날까지 하나님께 도움을 구하는 기도를 드린다. 그것이 고봉소망교회의 전통이다.

나이 어린 소년원생들이 신앙수련회 참석을 위해 퇴원 일자를 12일씩이나 연기하면서까지 하나님을 사모하는 모습을 곁에서 지켜본다는 것, 적잖이 감격스럽고 감사하다. 좋은 환경에서 자유를 만끽하며 사는 교인 중에는 예배 시간이 조금만 길어져도 불평을 하는 사람들이 있다는 말을 들었다. 그곳에 예수님이 계셔도 그럴까? 신앙수련회 선교사로 헌신하는 분 중에는 20년 넘게 거의 매번 수련회에 참석하는 분도 여럿 있다. 나는 소년원 신앙수련회만큼 보람되고 감격적인 하나님의 일은 없다고 믿는다.

2023년 8월에 제82회 소년원 신앙수련회를 열었다. 3년 동안 코로나 팬데믹으로 모든 집회와 행사가 중단되어서 안타까웠다. 오랜만에 여는 신앙수련회는 인원도 적었고, 여러 가지 제약도 많았다. 그럼에도 불구하고 소년원 아이들은 말씀을 사모했고, 적극적으로 예배에 임했다. 믿음으로 살고자 다짐했다. 4일간 집중적으로 연 신앙수련회의 열매였다. 잠언(20:27) 말씀에 우리 영혼은 여호와의 등불이라고 했다. 하나님은 우리 마음의 깊은 곳을 살피신다. 구원해야 할 영혼을 하나님은 주목해 보신다.

죽기 전에 하고 싶은 일

고봉소망교회 겨울 신앙수련회가 시작되는 첫날이었다. 하나님의 부름을 받은 약 120여 명의 선교사들이 사방에서 모여들었다. 준비 기도를 마치고 이번의 영적 전쟁을 위해 소년원생 생활관 2층에 있는 예배당으로 줄지어 들어갔다. 고봉의 아이들이 선교사들의 축복송과 환영을 받으며 자리를 잡았다. 예배당의 마룻바닥에 카펫을 깔았지만, 온기가 없어서 좀 추웠다. 그러나 믿음을 강하게 단련하기 위해 모인 참가생들은 환경에 아랑곳하지 않았다. 모두가 전사들이었다. 믿음이 연약한 사람도 고봉의 신앙수련회를 경험하면, 예수를 영접하고 하나님의 은혜를 사모하는 자로 변화했다. 세상에는 예수를 믿지 않는 사람이 아직도 많다. 자신이 죄인인 것을 깨닫지 못해서, 예수의 공로로 구원받고 천국 가는 것을 알지 못해서이다.

고봉의 아이들은 불우한 가정에서 태어나서 힘들게 살다가 일탈하게 되었고, 형사 법정에서는 선처를 받았다. 가정법원을 통해 보호처분을 받고 소년원에 수용되었다. 그런 자신들이 죄인인 것을 인정하며 죄에서 구원받기를(마5:4) 몸부림치며 간구하는 아이들이다. 말씀을 전하는 우리 선교사들과 고봉의 아이들 모두가 한마음 한뜻이 된 개회 예배였다. 첫 시간부터 딴청을 부리는 사람 없이 눈을 반짝였다.

그런데 그날 특이한 옷차림을 한 사람이 있었다. 털모자에 모직 코트를 입고 마스크 쓰고 목도리를 두세 번 두른 모습이 완전 무장한 것 같았다. 추위 때문이겠지만, 너무 과해 보였다. 고봉소망교회 신앙수련회에서 처음 보는 분이었다. 개회 예배를 마치

너도 이와 같이 하라

자, 남서울교회 이영자 권사님이 그분의 손을 잡고 와서 기도를 요청했다. 이영자 권사님은 언제나 조용하고 겸손했다. 오랫동안 고봉소망교회의 일을 도우며 좋은 선교사들을 많이 추천했다. 그분은 남서울교회의 집사님인데 인후암 치료 중이라고. 그런데 희망이 없다고 했다. 의사로부터 하고 싶은 일 하면서 마음 준비를 하라는 통보를 받았다. 김 집사는 암세포가 퍼진 탓인지 얼굴은 누렇고 푸르뎅뎅했다. 상태가 심각해 보였다.

나는 방석을 깔고 그분을 꿇어앉게 했다. 오른손을 김 집사의 안면에 얹고 왼손은 뒷머리를 받쳤다.

"하나님 아버지 '병든 자에게 손을 얹은즉 나으리라'(막 16:18) 약속하신 말씀을 의지합니다. 인후암으로 고통 중에 있는 김영희 집사님은 현재 병원에서 치료 방법이 없다고 합니다. 죽기 전에 복음 전하고 싶어서 소년원 신앙수련회에 선교사로 헌신했습니다. 이 딸을 고쳐 주셔서 불치병을 고쳐 주신 하나님 은혜를 간증하며, 더 많은 사람에게 복음 전할 수 있도록 치료하여 주옵소서."

함께했던 모든 선교사가 마음을 모아 중보기도를 했다. 나는 그날 오후 내내, 그리고 한밤까지 김영희 집사를 위해 기도했다. 수련회 둘째 날은 김 집사가 불참했다. 이영자 권사님도 소식을 모른다고 했다. 수련회 셋째 날 김영희 집사가 참여했다. 반갑기도 하고 궁금했다.

"목사님께 기도 받고 집에 가서 잠을 잤어요. 어제 새벽에 입과 코가 갑갑해서 잠에서 깨어 보니, 입안과 콧속에 이물질이 가득했어요. 화장실에 가서 뱉어 보니 핏덩어리였어요. 놀라서 아침에 병원에 갔어요. 검사 후 의사가 암세포가 떨어져 나가서 얼굴색이 좋아진 것 같다고 했습니다."

김 집사님은 밝은 미소를 지으면서 감사 간증을 했다.

'먼저 그의 나라와 그의 의를 구하라 그리하면 이 모든 것(너희의 소원)을 너희에게 더하여 주시리라.'(마6:33)

약속처럼 예수께서 복음을 전하고 싶어 하는 김영희 집사의 마음을 어여삐 본 것인가. 불치병으로 죽음을 눈앞에 두고 있던 그의 생명을 연장하여, 원 없이 복음 전할 기회를 주신 것으로 믿었다.

비싼 수업료를 치르다

서울 세검정을 지나가노라면, 평창동 일대를 가로지르고 있는 삼각산(북한산)이 보인다. 삼각산은 민족 복음화에 대한 열망이 기도로 타올랐던 역사 깊은 현장이다. 기도의 용사들이 부산하게 이곳으로 발걸음을 옮기던 곳이다. 나도 매주 삼각산에서 밤샘 기도를 했다. 대통령과 정치인들 그리고 한국의 경제와 교육자들을 위해, 통일과 나라의 민족 복음화를 부르짖어 기도했다. 산속 곳곳의 기도터에서 쩌렁쩌렁 울려 퍼지는 기도 소리는 천둥이 치

너도 이와 같이 하라

는 듯했다. 삼각산은 밤마다 기도의 메아리가 끊이지 않고 눈물과 기적과 능력을 일으키는 산으로 바뀌었다.

1993년경이었다. 삼각산에서 3년간 텐트를 치고 기도했던 이 전도사가 우리 고봉소망교회 사역에 참여했다. 아이들을 지도할 선교사가 부족했던 터라 특별한 위법 사유가 없는 한 동역자로 합류시키기로 했다.

"신학교에 다니다가 건강이 좋지 않아서 휴학했고, 지금은 삼각산에서 기도하며 지내고 있습니다."

깡마른 체구, 가늘고 쉰 목소리의 이 전도사는 평범해 보이지는 않았다. 면담하는 동안에도 의아한 생각이 여러 번 스쳤다. 그러나 건강이 좋지 않아서 그러겠거니 이해했다. 그 시절엔 이런저런 사정으로 산속에서 혼자 사는 사람이 제법 있었다. 그도 그중 한 사람이려니 했다.

그 당시 고봉소망교회는 선교활동을 하는 선교사들이 20여 명쯤 되었다. 선교사 중에는 이 전도사를 걱정하며 식재료를 가져다주는 사람들이 있었다. 함께 동역하는 지체들을 돕고 사랑을 베푸는 일은 당연하다며 그 사람들을 독려했다. 사람들은 삼각산으로 자주 그를 찾아갔다. 그리고 함께 텐트 안에서 예배드리고 기도 받는 일이 빈번했다고 한다.

몇 달의 시간이 흐른 후 괴소문이 들렸다. 삼각산의 이 전도사가 자신은 어떤 사람이든 그 사람의 냄새로 영을 분별하는 은사가 있다고 했다. 심지어 김원균 선교사에게서 악령의 냄새가 난다고 했다는 것이다. 그것은 분명 이단의 소리였다. 그런데 비기독교적이고 이상한 말을 하는 이 전도사에게 넘어가 그의 의견을 지지하는 선교사들이 많아졌다. 고봉소망교회 선교사 3분의 2가 이 전도사의 말에 현혹되어 그를 신뢰하고 따르게 되었다. 삼각산에서 기도하는 이 전도사는 신령한 사람으로 인정받고 있었다. 김원균 선교사를 내보내고 이 전도사를 리더로 세우자는 의견도 분분했다. 지금은 고인이 된 심상만 집사와 몇 명의 선교사들이 이 전도사와 면담 시간을 가졌다. "이 전도사님, 성경 어디에 냄새로 영을 분별한다는 구절이 있습니까? 말씀하시면 믿고 인정하겠습니다."

우리는 이 전도사의 잘못을 지적했으며 자신의 말을 뒷받침하지 못하는 그를 사역에 참여시키지 않는 것으로 사건은 일단락되었다.

교회에 다니면서 열심만 있으면 신앙이 좋은 사람으로 인정받는 경향이 있던 시절이었다. 분별하지 못했던 나에게 더 큰 잘못이 있었다. 이 사건이 있고 난 뒤 그를 따르던 사람 중에 사역을 그만두는 사람도 있고, 편이 갈린 선교사들은 한동안 서로 어색해했다. 이 전도사가 퍼뜨린 유언비어의 영향으로 우리는 심각한 해를 받았다. 그로 인해 위기에 대한 경각심을 갖는 계기가 되었다.

나는 계속 선교사 모임을 통하여 합심 기도하면서 어리석음을 회개했다. 어려움을 타개해 나가기 위해 노력하는 가운데 성령께서 우리를 만지셨고, 소년원의 어린 영혼을 구원하고 섬기고자 하는 목적이 있었으므로 다시 한마음으로 결속하게 했다. 고봉소망교회 담임으로서 한길을 가는 선교사들에게도 성경 말씀을 바르게 가르쳐야 한다고 다짐했다. 그래서 주일 사역이 끝나면 다음 주일 가르칠 교재로 말씀 공부를 했다. 사탄이 틈타지 못하도록 뜨겁게 기도하는 시간을 매주 가졌다.

소년원 아이들과 함께하는 이유

2016년 1월 고봉소망교회 신앙수련회가 열렸다. 겨자씨마을에서 자라면서 예수를 믿고 변화된 세 아들이 참여했다.

"오래전 나도 여러분들과 똑같이 이 자리에 앉아서 예배를 드렸습니다. 하나님께서는 나를 변화시켰습니다. 주님께선 여러분들도 똑같이 사랑하십니다."

수원에서 목회하는 차영찬 목사(가명)는 오후 집회 시간에 말씀을 전하면서 간증을 했다. 또 안산에서 목회하는 김은석 목사(가명)는 신입 반의 신앙수련회를 인도하면서 열정적으로 말씀을 전하고 기도회를 인도했다. 겨자씨마을 막내인 김주훈(가명)은 봉사팀으로 모든 궂은일을 도맡아 몸을 아끼지 않고 봉사했다.

'내가 그리스도를 본받는 자가 된 것같이 너희는 나를 본받는 자가 되라'(고전11:1) 이 말씀처럼 그들은 후배들에게 본을 보이며 격려와 도전을 주었다.

"선생님, 저도 노력해서 차 목사님처럼 되고 싶어요."

"저도 주훈이 형처럼 봉사할래요."

세 사람의 헌신은 과거에 경험하지 못한 특별함이었다. 수련회에 참석한 소년들과 봉사자들 300여 명에게 은혜와 감동을 주었다.

사람은 잘 변하지 않는다는 말이 있다. 특별히 반사회적 성격을 가진 소년들이 사회 규범을 지키며 선한 성품으로 변화하는 것은 적잖이 어려운 일이다. 청소년 범죄는 나날이 흉포해지고 지능적으로 집단화되는 경향이 있어 사회적 문제로 부상한 지 오래다. 일반인들은 소년범에 대해 대체로 혐오감을 드러내며 가까이하려고 하지 않는다. 소년범죄 예방을 위해서는 모두가 냉철하고 합리적인 정책과 사회적 합의를 끌어내는 방법을 모색해야 한다고 입을 모은다. 그럼에도 우리 사회는 여전히 청소년 범죄로 인한 피해자가 발생하고 있다. 사람들은 우리 부부에게 종종 묻곤 한다.

"왜 소년원선교를 하나요. 무섭지 않나요? 범죄를 저지른 사람들과 함께하면 좀 위험할 것 같은데."

보호소년들도 평범한 소년들과 크게 다르지 않다. 때때로 뉴

너도 이와 같이 하라

스에서 접하는 충격적인 사건의 주인공을 만나기도 하지만, 그들도 일면 치킨이나 햄버거와 피자를 좋아하고 어른들 앞에서 멋쩍게 웃는 평범한 소년이다. 선교사들이 보호소년들과 만나려면 소년원 내의 여러 개 철창문을 통과해야 한다. 보호소년들이 있는 곳에 마음대로 들어갈 수도 없고 마음대로 나올 수도 없다. 출입이 통제된 곳에서 자유를 구속당한 채 매일 폐쇄된 생활을 하는 아이들의 심정은 어떨까. 그 아이들의 외로움과 아픔은 곧 내 가정과 내 아이들의 아픔이다. 내 아이의 친구가 행복해야 내 아이도 행복해질 수 있다. 그동안 내가 만났던 소년들은 대부분 불우한 가정환경 탓에 정서적으로나 경제적으로 충분한 보살핌을 받지 못한 아이들이 많았다. 배려받기보다는 냉대에 익숙하고, 관심과 사랑을 받을 수 있는 환경이 아니라 방치와 학대에 놓인 아이들이 더 많았다. 사회는 그들을 비행 청소년이나 범죄소년이라 낙인 아닌 낙인을 찍은 지 오래다. 편견의 사각지대에 몰린 이들 10대 아이들은 점점 더 반발심과 반항심을 키우게 된다. 마치 태어난 지 한 달 정도 되는 어린 고양이가 보잘것없는 발톱을 세우는 것처럼, 덜 성숙한 사고와 힘으로 세상을 향해 날을 세우기도 한다.

그들 중 상당수는 불우한 가정에서 성장했거나 가정이 해체되어 부모로부터 1차 방임된 상태였다. 그러한 아이들에게 마치 정해진 수순처럼 사회는 비행 청소년이라는 이름으로 규정하는 2

차 가해를 한다. 가정폭력과 학대의 피해자인 그들은 소위 '식구'라는 이름으로 보호자를 자처하는 폭력배 집단에 쉬이 가담하게 된다. 아직 사고력도 부족하고 사회로부터 냉랭한 시선을 받던 아이들은 폭력조직의 힘을 큰 뒷배로 여기는 것이다. 심지어 또래 조직원과 선후배가 있는 울타리가 안전하며 그 안에서 존중받는다고 착각하여 조직원을 진정한 '식구'라 여긴다. 부모와 사회로부터 소외된 채 오갈 데 없고 반기는 이 없는 그들로선 그것이 생존을 위한 절실한 선택이었는지도 모른다.

《소년을 위한 재판》의 저자인 심재광 판사는 충동성과 반복성을 소년비행의 가장 큰 특징으로 꼽았다. 분노와 우울감이 잘못된 방식으로 표출되어 반복적인 비행으로 이어진다고 했다. 가해자이면서 피해자이기도 하다는 점이 소년범죄의 또 다른 특징이다. 그들의 이야기를 듣다 보면, 드라마보다 더 드라마틱한 사연들로 넘쳐 난다. 왜 비행에 이르게 되었는지 그 실상을 듣다 보면 혐오보다는 연민이 앞선다. 그것이 지금 우리 기성세대들이 알아가야 할 큰 숙제다.

소년원 선교사인 우리는 범죄 예방의 일선에 설 수가 없으므로, 주로 교정과 교화를 목적으로 소년범을 만난다. 특별히 기독교 신앙으로 하나님의 사랑을 전하고 예수님의 가르침을 전한다. 하나님은 우리를 향해 '천하보다 귀한 영혼'이라고 하셨다. 하나님께서 사랑하는 영혼이며, 구원받아야 할 대상이기에 그들을 찾

　　　　　　　　　　　너도 이와 같이 하라

아가 만나고 있다.

소년들과 이야기를 나누다 보면, 그들의 사고가 자기 자신의 상황과 처지에 함몰된 것을 알게 된다.

소년원에 들어온 아이들은 하나같이 억울하다고 호소한다. 부모 잘 만난 주범 아이는 변호사를 선임한 덕에 집으로 돌아갔고, 공범인 본인은 소년원에 왔다며 불공평한 세상을 원망하기도 한다. 때로는 가해 의도가 없는데 순간적인 충동과 동조로 범행에 가담해서 온 소년범도 있다.

소년들은 자신들을 냉대하는 사회에 분노와 원망으로 자신을 표출한다. 건강하게 해소하는 방법을 배우지 못했기 때문이다. 하지만 소년들의 이야기에 귀 기울이고 공감하며 지지하면, 질문도 잘하고 해맑게 웃는다. 하릴없는 옆집 아이 같다. 그래도 또 선교사로서의 일은 해야 한다. 이미 일어났던 잘잘못을 나누고 피해자에게 사죄해야 하며 죄의 대가로 처벌이 따른다는 것을 인지시킨다. 재범하다가 성인이 되면 교도소에 가는 형벌을 받게 되니, 다시는 소년원에 오지 않도록 독려한다. 그래서 잘못한 것을 회개해야 하고 새사람으로 살기 위해서는 예수님의 용서가 필요하다고.

복음에는 능력이 있다. 사람은 잘 변하지 않는다고 하지만, 예배에 참여하는 소년들을 보면 알 수 있다. 씩씩대며 적개심을 보이던 아이들이 마주치면 몇 번이라도 고개 숙여 인사하는 소년들로 바뀐다. 자신이 죄인인 것을 인정하며 뉘우친다. 예수님의 가르침대로 살고자 거친 말도 덜하고 서로 싸우지 않고 인내하는 사람으로 변한다. 믿음으로 살면서 재범하지 않고 인생이 바뀐 소년들은 수를 셀 수 없이 많다. 우리가 직접 양육한 겨자씨마을 아이들도 삶을 건강하게 꾸려 가고 있다.

"목사님 저는 27년 전에 소년원에서 예수님을 믿게 된 00입니다. 건강하신지요?"

가끔 지치고 낙심될 때 믿음생활을 잘하고 있다는 안부 전화를 종종 받는다. 그럴 때면 힘이 되고 감사하다. 앞으로도 계속 소년들에게 복음을 전해야 하는 충분한 이유다.

우순애 편

겨자씨마을 이야기

1장

고소한 겨자씨마을

생활관이 필요해요

겨자씨마을은 1988년에 설립된 신앙공동체 생활관의 이름이다. 소년원에서 주님을 영접한 형제 중에서 소년원에서 퇴원했지만 의지할 곳이 없는 무의탁 퇴원생들이 머물 수 있는 보금자리다. 23년여가 흐른 2011년까지 580여 명의 아이들이 이곳을 거쳐갔다. 호적이 없던 6명의 아이가 이곳에서 호적을 만들고 1대 시조가 되었다. 또 아이들 대다수가 정규학교를 마치지 못했기에, 검정고시를 통해 학력을 취득했다. 고등학교 입학 5명, 대학 입학 17명, 대학원 입학이 9명이었다. 이 중에서 목사 8명이 탄생했다. 다수는 직장에 다니고 있으며 선교사가 된 3명을 아프리카로 파송했다. '순종이 제사보다 낫다'는 말이 있다. 교육을 받으면 잘자랄 수 있는 아이들인데, 그들에겐 그 작은 환경조차 주어지지 않았다. 아이들이 남편과 동역하는 선교사들의 가르침을 잘 따라주었기에 맺은 열매다. 그러나 여전히 옛 습관을 버리지 못하고

너도 이와 같이 하라

말썽을 부리고 싸우고 가출하여 비행에 가담하는 아이들도 많이 있었다. 하여 겨자씨마을은 늘 전쟁을 치렀다.

소년원 퇴원생을 양육해야 한다는 생각을 굳히게 된 계기가 있었다. 남편이 고봉소망교회 주일예배에서 설교할 때였다. 원생들의 좌석 중간쯤에 앉아 있는 한 아이가 고개를 깊이 떨군 채 앉아 있었다. 설교를 마칠 때까지 계속 마음이 쓰였다고. 예배를 마치고 강단에서 내려와 그 아이에게 갔다.

"학생 어디 몸이 불편한가?"

그런데 얼굴을 든 그 아이는 눈물을 철철 흘리고 있었다. 남편도 알고 있던 아이였다. 4개월 전에 퇴원했던 성철(가명)였다. 소년원에서는 기독교 반장이었으며 성실한 원생이었다. 다시 재범하여 소년원에 들어온 사실에 남편은 충격을 크게 받았다. 성철이는 겨자씨선교회 교사들이 하나같이 믿음 좋은 원생이라며 칭찬하고 기대했던 아이다. 소년원을 퇴원할 때 인도할 보호자가 없어서, 갱생보호회에서 데려가서 취업시켰다. 아이가 퇴원할 때는 누구라도 보호자가 있어야 퇴원할 수가 있었다.

연신 죄송하다는 말을 되풀이하는 성철의 사정이 기가 막혔다. 성철이 취직한 공장에서는 월급도 주지 않고 힘든 일만 시켰다. 그래서 다른 직장을 구하려고 무작정 나와서 여러 곳을 찾아다녔으나 취업의 문은 열리지 않았다. 며칠 동안 헤매고 돌아다니다가 배가 너무 고파서 노점상에서 토스트 하나를 훔쳐 먹다가 다시 소년원에 들어오게 되었다. 성철의 사연을 들은 남편은 어른으로서 너무나 미안하다며 말끝을 흐렸다. 그날 저녁 남편은 기도하러 삼각산에 올라갔다.

"하나님도 성철이가 그동안 얼마나 신앙생활을 잘했는지 알고 계시지 않습니까? 부모 없는 소년원생들에게 하나님은 고아의 아버지이시니 하나님을 아버지처럼 의지하고 잘 믿으면 보리떡 다섯 개 물고기 두 마리로 5천 명을 먹이셨던 그 능력으로 우리를 보살펴 주실 것이라고 설교했습니다. 성철이가 3백 원짜리 토스트 하나 훔쳐 먹다가 붙잡혀서 다시 소년원 생활을 하게 되었으니, 성철이 앞에서 제가 어떤 말로 설교할 수 있습니까?"

하나님께 강청하듯 남편은 밤새도록 기도했다. 새벽에 지쳐서 바윗돌 위에 엎드려 있는데, '소년원선교를 담당해 온 내가 무의탁 퇴원생들을 양육해야 하는구나' 하는 생각이 들었단다. 마치 누가 말하는 것처럼 혹은 글씨로 써서 보여 주는 것처럼 마음에 박혔다고 했다. 기도를 마치고 돌아온 남편과 이야기를 나누다가 우리 부부는 특별한 책임감이 들었다. 우리는 아이들이 퇴원해서 편히 쉬고, 배불리 먹고, 공부도 맘껏 할 수 있는 생활관을 마련하기 위한 준비를 착수했다.

너도 이와 같이 하라

백운호숫가의 유럽식 주택

성경 속 믿음의 조상들은 기도를 통해 하나님과 교제하고 하나님의 일을 했다. 예수님도 기도에 대해 가르쳤으며 기도의 본을 보였다. 기도는 하나님과 동행하는 여정에서 어려움에 빠졌을 때, 도움을 청할 수 있는 성도의 특권이다. '기도 외는 이런 유가 나갈 수가 없다.'(막9:29)고 성경은 기도의 필요성을 보여 준다.

어느 날 남편이 좋은 생각이 떠올랐다며 제안했다. 결혼 전에 약 2년 동안 예배당 기도실에서 잠자고 라면으로 끼니를 때우던 경험이 있던 남편은 다목적 라면 가게를 차리자고 했다. 대학교 앞에 가게를 임차해 식당 바닥은 온돌방으로 만들고, 주방 일은 우리 선교사들이 맡고 영업이 끝난 후에는 대학생 자원봉사자들을 모아서 야학 교실을 운영하고, 야학이 끝나면 온돌방에서 잠을 자면 모든 문제를 한 장소에서 해결할 수 있겠다는 의견이었다.

남편은 신촌 연세대학교 근처 가게를 찾아다녔다. 부동산에서 소개하는 가게 중에 다목적 라면 가게를 차리기에 적합한 장소를 발견했다. 준비된 돈은 없었지만, 보증금 5백만 원에 월세 18만 원으로 합의를 했다. 그날부터 거의 매일 밤 하나님께 매달리며 20일 가까이 돈을 빌려 보고자 했지만, 구할 수가 없었다. 돈을 구할 때까지 가게가 비어 있기를 바라는 마음으로 다시 부동산에 갔더니, 이미 다른 사람이 계약하고 내부 시설 중이었다. 남편은 힘없이 발길을 돌렸다. 그러나 돌아오는 길에 '우리가 알거니와 하나님을 사랑하는 자 곧 그 뜻대로 부르심을 입은 자들에게는 모든 것이 합력하여 선을 이루느니라.'(롬8:28)고 약속하신 이 말씀을 떠올리며 용기를 냈다. 더 좋은 장소를 주실 것으로 기대했다.

남편은 여전히 매주 목요일에 고속터미널에서 2시간 동안 노방전도를 했다. 어느 날 전도를 마치고 버스 정거장에 서 있었다. 버스가 정차하고 문이 열렸다. 그 버스에서 안양교도소 선교사역을 하는 이복원 전도사가 내렸다.

"김 전도사 여기 웬일이신가."

선교사님은 반갑게 인사하며 어딘가로 남편을 이끌었다. 그러고는 길 건너편 아파트 상가의 치과 병원 이명연 원장을 소개시켰다. 이 원장은 귀한 분들 오셨는데, 식사 대접을 하고 싶다고 했다. 의왕시에 있는 백운호숫가의 닭백숙 요릿집에서 두 사람은 융숭한 대접을 받았다. 저녁 식사를 마친 뒤, 차 한잔하자면서 이 원장은 근처에 있던 유럽식 주택으로 안내했다. 준공검사를 마친 지 얼마 안 된 새집이었다. 거실에서 백운호수가 훤하게 내려다보이는 전망 좋은 집이었다. 그런데 뜻밖에도 그 집은 무의탁 노인들을 섬기려고 지었으며 아직 그 일을 맡아 줄 사람을 찾지 못해 비어 있다고 했다.

남편은 소년원 퇴원생들을 양육하기 위한 집을 구하고 있다고 말했다. 이 원장이 뜻하신 대로 노인복지를 시작하기 전까지만이라도 이 집을 겨자씨선교회에 빌려주기를 청했더니, 이명연 원장은 즉시 그러자고 대답했다. 그러고는 '의왕시 학의리 424번지 단독주택을 무상으로 임차하여 사용하고 갑이 요구할 때 을은 즉시 집을 비워 주어야 한다'는 단서 조항이 담긴 계약서를 썼다.

남편은 집 열쇠를 넘겨받았다. 그렇게 시작한 겨자씨마을은 1988년 5월부터 2002년 4월까지 14년 동안 새집이 낡아지고 허름해질 때까지 공동체 생활관으로 사용되었다. 우리는 우리의 생각으로 기도했지만, 기도는 더 좋은 것으로 응답되었다. '하나님의 생각과 우리의 생각이 다르며'(시55:8) '고아의 아버지이신 하나님'(시68:5)께서 겨자씨 아들들을 양육할 처소를 멋진 곳에 예비해 두셨다.

조지 뮬러는 고아들을 키우면서 5만 번 이상의 기도 응답을 받았다. 겨자씨마을도 그렇다. 고아의 아버지이신 하나님께서 셀수 없는 기도에 응답해 주셨고, 아이들을 먹이셨으며 입히고 공부시켰다. 어떤 해는 여러 명의 대학 등록금을 마련해야 할 때가 있었지만, 걱정하지 않았다. 아버지인 하나님께서 돌봐 주신다는 믿음으로 기도했다. 하나님은 많은 사람을 붙여 주셨고 충당해 주셨다.

2002년 학의동에서 이사 나온 겨자씨마을은 경기도 화성 봉담에 집을 구입해서 사용하다가 군포로 이사해서 2011년 겨자씨마을 생활관이 문을 닫을 때까지 아이들을 양육했다. 국가에서 쉼터를 만들고 아이들이 공부하고 직장을 다닐 수 있는 시스템을 구축하면서, 우리 겨자씨마을은 할 일이 없어졌다. 자유롭게 생활할 수 있는 쉼터로 가는 퇴원생들이 많았기 때문이다. 국가의 도움을 받으면서 생활관을 운영해 보고자 했지만, 많은 제약이 따라서 더 유지하기 어려웠다. 특히 기독교 신앙을 가르칠 수 없으므로 겨자씨마을이 존재할 이유가 없었다.

구공탄과 작은 예수의 만남

우리는 수많은 만남 속에서 살아간다. 부모. 형제, 친구, 사랑하는 사람을 만난다. 한 번의 스침으로 끝나는 경우도 있지만, 끈끈한 인연으로 맺어지는 만남도 있다. 인연은 관계로 이어지고 사랑으로 발전한다. 누군가를 만나는 것은 결코 우연이 아니다. 소년원에서 고참과 신참이라는 불편한 관계를 통해 만난 두 소년이 있었다. 하나님이 펼친 지상의 공간엔 고운 곳도 많은데 철창 안에서의 만남이라니.

자동차 정비반에서 직업훈련을 받던 성천(가명)은 항상 미소 띤 얼굴에 말씨 또한 부드러웠다. 몸이 아픈 동료들을 위해 손을 얹고 기도해 주는 아이였다. 답답하고 각박한 소년원 철창 안에

너도 이와 같이 하라

서 생활하는 원생들 사이에는 착한 사람으로 소문이 났다. 특히 자신보다 늦게 들어온 후배들을 사랑으로 섬겼다. 인자한 표정과 착한 행실 때문에 '작은 예수'라고 아이들은 별명을 붙였다. 성천이가 소속된 자동차 정비반에 얼굴이 둥글고 피부가 유난히 까만 아이가 신입으로 들어왔다. 콧구멍이 큰 그 아이를 아이들은 구공탄이라 놀려 댔다. 신참은 아무리 억울하고 분해도 속수무책으로 당할 수밖에 없었다. 구공탄이라 불리던 영철은 강원도 속초 태생이다. 어릴 때부터 친한 친구 한 명도 없이 항상 따돌림당하던 아이였다. 소년원의 동기들도 친밀감을 보이지 않았다. 그 아이가 가까이 가면 오히려 자리를 피했다. 영철은 또 코를 심하게 골아서 온갖 구박을 받았다. 그런데 성천은 항상 영철을 챙겼다. 옆자리에서 잠잘 수 있게 하고 매일 아침저녁으로 기도하는 법과 성경 말씀을 가르쳤다.

영철은 외모 때문에 늘 주눅이 들어 있었다. 항상 고개를 숙인 채 묻는 말에 겨우 대답하는 아이였다. 그런데 성천이를 만난 뒤부터 예배 시간에 고개를 들고 말씀을 들었다. 예배가 끝난 뒤에는 목사님에게 감사하며 사람들에게 먼저 다가갈 줄 아는 아이로 변했다. 부모에게 버림받고 사람들에게도 멸시만 받고 자랐기 때문에, 사람들에 대한 원망과 적개심도 많았었다. 열등감을 안고 성장한 탓에 성격이 원만치 못하고 적응력도 좋지 않았다. 그런데 가장 힘들고 어려운 소년원에서, 다정하게 사랑으로 대하는 성천을 만났다. 영철에게는 처음으로 자신을 사람대접해 준 사람이었다.

1990년 여름, 작은 예수 성천이 먼저 소년원을 퇴원하고 겨자씨마을 '사랑의 집'으로 왔다. 몇 개월 후 영철이가 '사랑의 집'으로 왔다. 영철은 소년원에 있을 때 함께 신앙생활 하면서 공부하고 싶다고 남편과의 상담에서 밝힌 적이 있었다. 1년 후 취직하여 독립한 성천이는 사고를 당해서 안타깝게 일찍 하늘나라로 갔다. 가슴에 멍이 들 만큼 마음이 아팠으나, 천국에 먼저 이사 갔다고 생각하고 위로 삼았다. 영철이는 사랑의 집에서 신앙으로 양육을 받으며, 중·고등학교 과정을 검정고시로 통과하고 신학교에 들어갔다. 졸업할 때 모범상을 받을 만큼 학교생활에 충실했다. '사랑의 집'에 머물면서 운전면허를 취득하여 차량운행으로 봉사했다. 소년원 후배들에게 성경도 가르쳤다.

1997년 2월, 영철은 신학교를 졸업했다. 졸업식 날, 영철이가 남편에게 사각모를 씌워 주며 활짝 웃었다. 남편은 졸업식장의 그 어떤 아버지보다 더 기쁘고 뿌듯하다며 영철을 축하했다. 영철은 국내의 모 선교단체에서 간사로 일했다. 난곡동의 봉사시설에서 자신의 어린 시절과 같이 불우한 어린이들을 섬겼다. 상담과 학업 지도 등 몸을 아끼지 않고 돌봄을 다했다.

하나님은 하나님 나라의 일꾼이 자라나도록, 여러 만남을 적절하게 주선해 주셨다. 돕는 손길을 주변에 심어 놓으시고, 때를 따라서 한 걸음씩 두 걸음씩 성장하도록 했다.

그 마음에 품은 것은

그리스도인은 하나님 나라에 합당한 순종의 삶으로 나아가는 사람들이다. 하나님의 은총을 입은 자는 이웃의 필요를 채워 주고 나눔과 사랑을 실천한다. 주님의 부르심에 이끌려 귀히 쓰는 그릇이 되고자 마음을 품은 소년이 있었다. 겨자씨마을에 많은 소년이 머물다 갔다. 그중에서 단 한 번도 말썽 피우지 않고 순종하는 은석의 삶의 자세는 단연 금상이었다. 말씨가 진중하고 신실한 은석 군은 모든 사람이 신뢰했다. 그는 신학대학을 나와 목사가 되었다. 지금은 우리 이웃의 영혼에 생명을 불어넣는 일을 잘 수행해 나가고 있다.

은석이는 아버지가 3살 때 교통사고로 돌아가셨다. 형과 누나가 있었지만, 어머니는 7세 은석이만 데리고 나이 많은 새아버지와 재혼했다. 새아버지는 직업이 목수였으며 술주정뱅이였다. 술만 마시면 난폭해지는 새아버지의 잦은 구타로 어머니는 매우 시달렸다. 견디다 못한 어머니는 은석이를 데리고 집을 나왔지만 새아버지가 학교에 다니는 은석이를 통해 찾아내기 때문에 집으로 돌아갈 수밖에 없었다. 어머니는 그 뒤로 몇 번이나 더 가출했으나, 은석이를 데려가면 번번이 동일한 일이 벌어졌다. 어느 날 어머니는 혼자 집을 나가 버렸다. 그 후 지금까지 소식을 모른다. 몇 년 전에 은석이가 어머니를 찾고자 여러 곳을 수소문했지만, 알 길이 없어서 포기한 상태이다.

홀로 남게 된 은석은 더 잦은 구타로 못살게 구는 새아버지를 피해, 초등학교 5학년 때 가출했다. 이리저리 거리를 배회하다 서울 사당동에서 신문판매소 소장을 만났다. 먹는 것과 자는 것을 해결해 주는 조건으로 그를 따라갔다. 그런데 그곳 역시 돈을 제대로 벌어 오지 못하면 심하게 폭력을 행사했다. 온몸이 시퍼렇게 멍이 들었고, 안 아픈 날이 드물었다. 무작정 나와서 정처 없이 걷다 보니 서울역이었다. 거기서 집 나온 아이들을 만났다. 쉽게 어울렸고, 함께 노숙했다. 앵벌이로 시작해서 도둑질, 소매치기 등을 수없이 행했다. 어느 날엔 서울역 홍익 매점을 털었다. 도망치다 덜미가 잡힌 한 아이로 인해 은석은 경찰서로 연행되고, 심사원을 거쳐 소년원으로 송치되었다. 은석의 나이 겨우 14살이었다.

은석은 서울소년원의 고봉소망교회에서 신앙생활을 시작했다. 1년 뒤에 '겨자씨마을 사랑의 집' 식구가 되었다. 1991년 가을이었다. 은석은 유난히 반짝이는 큰 눈을 가진, 잘생긴 아이였다. 은석이 검정고시 학원에 다닐 때 겨자씨마을 식구들과 떨어져서 우리 집에서 1년 동안 함께 살았다. 혹 엄마의 소식을 들을 수 있을까 해서 명절에 기흥의 새아버지 집을 찾았다. 그런데 출발한

　　　　　　　　너도 이와 같이 하라

지 얼마 지나지 않아 다시 집 근처에 도착했다는 전화가 왔다. 종점에서 집까지는 한참 걸어와야 해서 차를 가지고 나갔다. 멀리서 은석이가 걸어왔다. 팔뚝으로 눈을 훔치는 것이 울고 있는 것 같았다.

"이제 다시는 안 갈 거예요. 엄마도 기다리지 않을래요."

얼마나 속상하면 저렇게 다짐하듯 말할까? 빨갛게 충혈된 눈만큼이나 상처가 깊은 것을 짐작할 수 있었다. 차 안에서 새아버지 집에는 다시는 가지 않는 게 좋을 것 같다고 맞장구쳤다. 공부를 권하는 남편의 제안에 순종한 은석은 검정고시로 초·중등 과정을 단시간에 마쳤다. 안산의 동산고등학교 제1회 신입생이 되어 열심히 공부에 매진했다. 은석이는 고등학교 재학 중에 해외연수를 다녀올 기회가 있었다. 모범생에게 주어지는 혜택인데, 부모의 허락이 있어야만 했다. 주민등록상 새아버지 호적에 올라 있어서 그에게 부탁했다. 그가 동의해 주지 않아서 결국은 기회를 놓치고 말았다.

하나님의 사랑을 깨닫고 믿음으로 살고자 헌신한 은석은 목회자가 되고자 했다. 뜻을 정한 은석은 하나님 마음에 합한 자로 살고자 하는 의지와 집념이 강했다. 백석대학교와 대학원을 마치고 목사가 되었다. 군대를 다녀온 뒤, 남편이 소개해 준 믿음 좋은 아가씨와 교제 후 결혼했다. 현재 3명의 자녀를 두었으며 다복한 가정을 꾸려 가고 있다.

교회를 개척한 뒤, 은석에겐 교회와 가정의 경제난이 막중했다. 온갖 고생을 다 하며 이중직장을 병행했는데, 작지만 안정된 교회에서 청빙이 들어왔다. 그 교회로 간다면 목회에만 전념할 수 있고 좋은 점이 많았을 것이다. 그러나 자신만 좋다고 가 버린다면 그동안 양육했던 20여 명의 양떼는 버림받는 게 아닌가 괴로워했다.

"목사님, 안 가기로 했습니다. 제가 양육한 사람들을 버리고 큰 교회로 간다면 선한 목자가 아니라는 생각이 들었습니다. 기도했는데, 하나님께서 기뻐하시지 않을 것 같아서요."

은석은 청빙 거절의 소식을 전해 왔다. 고난 가운데서도 하나님이 주신 사명을 기쁘게 감당하며 자신의 유익은 구하지 않겠다고 했다. 우리 부부는 선한 목자를 닮아 가는 은석을 지켜보며 무척 감사했다. 은석은 자신이 소년원 출신인 것을 숨기지 않는다. 오히려 어느 곳에서든 스스럼없이 자신의 과거를 털어놓으며 하나님을 증거하는 사람이다.

사람이 마음에 어떤 것을 품기 시작하면 그것이 자신의 생애에 옮겨지는 경우가 많다고 한다. 재물, 권력, 명성 또는 그 무엇으로, 저마다 쌓고 싶은 일에 시간과 몸과 마음을 다 바친다. 자신이 이루고자 하는 것을 위해, 급급하게 살아가는 사람들 틈에서 은석은 어떻게 살아야 하는지를 아는 사람이다.

너도 이와 같이 하라

전설은 아무나 되나

모든 일이 뜻대로 되지 않고 주어진 조건과 환경도 받쳐 주지 않는다고 생각하여 절망하는 소년이 있었다. 그러나 소년은 극적으로 예수님을 만났고, 180도 달라져서 새사람이 되었다.

광호는 궁핍한 어린 시절을 보내면서도 외국어 고등학교에 진학할 정도로 두뇌가 명석하고 열심히 공부했다. 가정에 자꾸 시련이 찾아오면서, 고1 사춘기 때 비뚤어진 길을 걷게 되었다. 직장을 그만둔 아버지는 늘 술에 취해 있었다. 폭력에 견디다 못한 어머니는 급기야 가출했고, 형제들도 뿔뿔이 흩어졌다. 광호는 소년원에 들어가기 전까지 서울 강남에서 오토바이 폭주족으로 유명했다. 밤마다 거리를 누비며 광란의 시간을 보냈다. 서슴없이 남의 돈을 뺏는 등 비행을 일삼았다. 결국, 광호는 소년원에 송치되었다. 교정교육을 받았지만 다루기 쉽지 않은 아이였다. 사람에 대한 분노와 원망이 크고, 툭하면 싸움질로 징계를 받았다. 그런 광호를 하나님께서 만지셨다. 기독교 예배에 참석하면서 변하기 시작한 광호가 예수님을 영접했다. 1994년 1월에 실시한 신앙수련회 때였다. 심령부흥회 시간에 죄를 고백하고 회개하는 기도가 있었다. 죄가 많은 곳에 은혜가 더 넘친다고 했던가. 광호는 그동안 자신이 범했던 죄의 굴레를 벗어나기 위해 몸부림치며 회개했다. 프로그램이 끝나서 원생들은 모두 돌아갔는데, 광호의 기도는 끝나지 않았다. 강대상 바로 앞에 앉아서 울며 소리쳤다. 주먹으로 바닥을 치고 온몸을 흔들며 기도하는 회개를 그만두게 할 수가 없었다. 스스로 일어날 때까지, 기도를 중지시키지 않게 직원에게 청했다.

광호는 자신을 위해 죽음의 길을 가신 예수 그리스도를 위해 살겠다고 목표를 정했다. 신학 공부를 마친 후 목회자가 되겠다고 결심했다. 남편에게 상담요청을 했으며 퇴원 후 겨자씨마을로 오게 되었다.

1994년 8월 셋째 주 월요일은 유난히 분주했다. 겨자씨 식구들이 수련회(거제도)를 앞두고 준비할 것이 많았기 때문이다. 그때 겨자씨 식구로 온 지 며칠 안 된 광호를 처음 만났다. 팔에 깁스를 하고 있어 불편하고 귀찮았는지 말이 없고 서먹했다. 키는 껑충 컸고 높은 콧대에 부리부리하게 큰 눈이 순한 인상으로 보이지 않았다. 겨자씨로 오자마자 경치 좋은 거제도로 여행을 떠나는 광호가 복이 있다고 생각하면서 잘 지내 주기를 바랐다. 그동안 겨자씨마을엔 이제 막 정들었다 싶으면 사고를 치거나 가출하고 이런저런 핑계로 떠나는 녀석들이 많았다. 우리 공동체 책임자들은 이런저런 일로 자주 가슴앓이를 하기에 광호에게 그렇게 큰 기대는 하지 않았다. 광호는 소년원에 있을 때도 인정을 받지 못하던 원생이었다. 겨자씨로 데리고 올 때 어떤 직원 선생님은 골치 아픈 일이 많을 거라고 말렸다. 아무튼, 잘 있어 주면 고마울

너도 이와 같이 하라

따름이었다.

거제도에 다녀오고 난 뒤, 광호는 검정고시 학원에 입학했다. 그런데 공부를 시작하더니 우리의 예상을 완전히 뒤엎었다. 6개월 만에 대학 검정고시에 합격하고 수능반에 들어가 미친 듯이 공부에 몰입했다. 처음엔 공부하는 것이 습관이 되지 않아 자꾸 책상에서 일어나고 싶었다고. 마음을 다스리기 위해 몸을 의자에 묶고 공부하는 훈련을 했다. 10분, 30분, 1시간 엉덩이를 고정하는 시간을 늘려 가면서, 하루에 3시간씩 잠을 자고 오로지 공부에만 매달렸다. 함께 살던 권사님은 '저러다가 애 죽이겠어요. 공부 그만하라고 말리세요.'라고 할 정도였다.

1995년 광호는 수능시험을 거쳐 아세아연합신학대학의 신학과에 합격했다. 우리 모두에게 기쁨을 안겨 주었다. 기숙사 생활로 일주일에 한 번 집에 들르던 광호는 방학이 시작되자 가나안 농군학교도 가고, 제주도 전도 여행과 컴퓨터 학원 수강 등 바쁜 일정을 보냈다. 지칠 법도 한데, 어디서 그런 열정이 나오는지 광호의 얼굴을 보기가 어려웠다. 정말로 우리를 놀라게 한 것은 광호의 성적이었다. 성적은 올 A, 전체 2등을 해서 2학기 등록금 반을 해결했다. 입학금을 마련하기 위해 동분서주할 때가 엊그제 같은데, 대견하고 자랑스러웠다. 광호는 학교 기숙사에 방이 있었지만, 늘 도서관에서 살았다. 공부벌레로 소문났다. 4년 내내 장학금을 놓친 적이 없었다. 광호가 졸업할 땐 신학대학이 생긴

이래 최고의 점수를 받았다. 광호는 신학대학의 전설이 되었다. 총회신학대학원을 졸업하고 목사가 되었다. 결혼하여 가정도 이루었다. 현재 모 교회의 수석 부목사로 헌신하고 있다.

우리는 어떤 삶을 살아야 하는가? 성경은 예수님을 믿고 성경 말씀에 순종하며 실천하는 것이라고 했다. 알고도 행하지 않으면 죽은 믿음이며 가치 있는 사람의 길을 갈 수 없다는 것이다. 사람이 어떤 것을 쟁취하려면 특별한 노력과 지혜가 필요하다. 그리할 때 보통의 사람이 얻을 수 없는 아름다운 이름을 명명받을 수 있을 것이다.

미약한 시작, 창대한 미래

19세인데도 아직 한글을 잘 몰랐던 경완이는 '사랑의 집'에 온 후로 열심히 한글을 공부했다. 중학교 검정고시, 고등학교 검정고시, 수능시험을 거쳐 00신학대학에 입학했다. '내 시작은 미약하였으나 네 나중은 심히 창대하리라'(욥8:7) 이 말씀을 굳게 믿고 도전한 경완이다.

경완은 1976년에 전남 부안에서 태어났다. 어머니는 아버지의 두 번째 부인이었다. 큰어머니 집에 거주하던 아버지는 경완의 식구들을 돌보지 않았다. 경완은 어머니와 소아마비를 앓던 동생과 셋이 살았다. 생부의 무관심으로 인한 생활고 때문에 경완은 외할머니 댁에서 유년을 보냈다. 동생은 8세가 되던 해에 하늘나라로 떠났다. 경완이 초등학교 6학년 때 생부가 위암으로 돌아가셨다. 그리고 3개월 후 어머니마저 교통사고로 경완이 곁을 떠났다. 사랑받지 못하던 경완은 외할머니 집을 나와 거리를 떠돌기 시작했다. 뒷골목 아이들과 어울리며 구걸로 삶을 영위했다. 때묻은 손으로 껌과 초콜릿을 팔고, 신문 배달을 하고 전단지를 배포했다.

그럼에도 배고픈 생활은 나아지지 않자 급기야 소매치기가 되었다. 경완은 잘못된 길에서 돌아 나오려고 식당, 공장, 웨이터 등 갖은 일을 다 했다. 그러나 생활은 나아지지 않았고, 고되고 힘들기만 했다. 견디지 못하고 다시 뒷골목 친구들의 손을 잡았다.

16세에 본드와 가스흡입 약물을 시작한 후 중독에 끌려다니게 되었다. 점점 돈이 더 필요하게 되자, 절도와 강도 등 비행을 일삼게 되었다. 그러다가 공범 3명 모두 경찰에 붙잡혀 1993년 10월에 서울소년원으로 송치, 1년 6개월간 수용되었다. 부모가 양육할 의지가 없고 방치된 아이들은 결국 국가가 양육하는 교정시설에 보내진다. 바로 소년원이다. 처음에 경완은 잡혀 온 것이 억울하다고 했다. 자신보다 더 잘못한 애들이 부모의 힘으로 집에 돌아가는 걸 자주 보았기 때문이다. 자신의 부모는 왜 그렇게 일찍 세상을 떠났는지 원망했다.

소년원 생활은 긴장하지 않으면 지적당하고, 징계를 받는다. 그런데 주일이면 고봉소망교회에 선교사들이 찾아와서 아이들은 덜 경직된 시간을 가질 수 있었다. 경완은 예배를 드리게 되면서 얼었던 마음이 조금씩 풀리기 시작했다. 선교사들의 헌신적인 사랑과 기도 속에 예배를 기다렸다. 경완을 맡은 선교사는 자주 편지로 상담했다. 경완은 찾아오는 여러 분들과 교제하면서 하나님의 실존에 도전받게 되었다.

1994년 1월 신앙수련회가 열렸다. 그동안 아무에게도 열지 않던 마음을 3박 4일 동안 함께하며 하나님께 열었다. 마음껏 울며 소리치며 기도하던 경완은 난생처음으로 말할 수 없는 위로와 평안을 경험했으며 예수님을 영접하고 믿음으로 살고자 의지를 다졌다. '겨자씨마을 사랑의 집'으로 온 경완은 학원에 등록하고 검정고시 공부를 시작했다. 하나님의 뜻을 따라 '사랑의 집'은 먹이고 입히고 공부할 수 있는 환경을 제공하며 기꺼이 가족으로 받아들였다.

1997년 수능시험을 보던 날, 새벽에 공부한 것을 잊지 않도록 기도한 후 경완은 잠깐 문제집을 보았다. 시험장에서 경련이 일어날 만큼 놀랐다. 새벽에 보았던 국어 문제가 그대로 출제되어 있었다고. 경완이는 '내가 너무 부족하니까 하나님은 별것을 다 신경 써 주신다'고 자랑을 늘어놓았다. 다음 해 신학기 경완이는 드디어 아세아연합신학대학교 신학과에 입학했다. 그러나 공부

너도 이와 같이 하라

를 따라가기 힘들다며 학업을 포기하려 했다. 1학기를 마치고 휴학하는 1년 동안 남편이 직접 문해력 수업을 진행했다. 유년기에 정규교육을 받지 못했던 경완은 글자가 아닌 문장의 이해력이 부족했다. 공부에 매진하도록 '사랑의 집' 식구들도 함께 도왔다.

다시 복학한 경완은 더욱 열심히 공부했다. 2학년 과정을 마치고 난 뒤엔, 어렵다고 소문난 사당동 총회신학대에 편입했다. 무난히 동신학대학원을 졸업하고 모 선교단체에서 간사로 일했다. 그때 만난 배우자와 소박한 가정을 꾸렸다. 고아로 자란 경완에게 가족이 생긴 것이다. 온전히 내 편이 되어 주고 지지해 줄 아내를 맞이한 경완은 모든 게 편안해 보였다. 차고 넘치게 준 예수님의 사랑을 아직 어둠에 거하는 사람들에게 나누어 주어야 한다는 선교의 비전을 자주 피력한다.

경완의 목사 안수식이 있던 날, 겨자씨선교회에서 목사 가운과 금일봉을 준비했다. 겨자씨의 많은 가족이 축복했다. 한 사람의 영혼이 잘 세워짐에 기쁨이 넘쳤다. 현재 경완은 모 교회의 부목사로서 하나님이 맡긴 영혼들을 잘 섬기고 있다.

방 안에 갇혀서 사는 아이

자유가 허락되지 않은 공간에 갇혀 사는 것은 자유를 잃어버린 상태와 같다. 인간은 내 의지대로 살아갈 수 없을 때, 불만이 과하게 표출되거나 절박한 고통을 느끼기도 한다. 내 마음이 시키는 대로 할 수 없는 것은 힘들고 괴로운 일이다. 두 발이 멀쩡한데도 불구하고 일정 선을 넘어갈 수도 없고 갇혀 산다는 것은 불행한 일이다. 저항을 몰라서일까. 자포자기했기 때문인가. 그것도 아니면 자유에 대한 경험이 없어서 자유를 모르는 것일까. 친모에 의해 16세까지 방 안에 갇혀서 지내던 아이를 구출했다. 그때가 1995년 2월 2일이었다.

"엄마가 우리를 가둬 놓고 키웠어요. 동생은 아직도 그렇게 살고 있을 거예요."

17세에 소년원을 퇴원한 성주는 3년 전에 동생과 함께 갇혀 살다가 혼자서 탈출했다. 성주의 가정은 병든 어머니와 아버지가 별거하던 중에 아버지가 돌아가셨다. 그 당시 정신이 온전하지 못한 어머니는 18세 된 성주의 누나를 시집보냈다. 그리고 나이 어린 두 아들을 학교에도 보내지 않고 방 안에만 있게 했다. 그 이야기를 들은 남편은 성주의 동생 성훈이를 구출하기로 했다. 성주를 돌보고 있던 집사님과 성주를 데리고 부산으로 향했다.

날씨는 봄처럼 따뜻하고 화창했다. 부산에 도착한 일행은 집을 찾기 위해 동사무소에 들렀다. 성훈이가 갇혀 있는 집은 거제동 달동네 맨 꼭대기 집이었다. 창고처럼 달아낸 허름한 방은 방문을 자물쇠로 채우고 운동화 끈으로 여러 겹 묶여 있었다. 집주

너도 이와 같이 하라

인 영감님이 '성훈의 엄마는 아랫동네로 파출부 일을 하러 다닌다'고 했다. 그러고는 가끔 집에 들러 어린 아들에게 겨우 먹을 수 있는 것을 챙겨 주고 있었다. 거제동사무소에서 몇 개월 전 성훈을 구출하려고 친척을 부르고 경찰의 지원을 받으며 노력했지만 실패했다. 정신이 온전치 못한 엄마지만 법적 보호자의 완강한 저지를 무시할 수가 없었다.

일행이 도착했다는 소식을 듣고 성훈 엄마가 뛰어왔다. 씩씩대며 억센 경상도 사투리로 알아들을 수 없는 말을 퍼부었다. 두 팔을 벌리고 앞을 막아서는 품새가 그야말로 막무가내였다.

"내사 나쁜 사람들이 내 아들을 뚱쳐(훔쳐) 갈라 캐서 방 안에다 보호하고 있심더. 다른 이유는 없어예."

성주 어머니는 험악한 욕설을 퍼부으면서 안절부절 어쩔 줄 몰라 했다. 방문을 열 수 없다고 완강하게 버티는 바람에 남편은 조금 불안한 생각이 들었다고. 그래도 물러설 순 없었다. 마음속으로 기도하면서 성훈 엄마를 꾸짖었다. 남편이 문을 열라고 명령하는 순간, 무슨 일을 저지를 것 같던 그 엄마가 순순히 문을 열고 아들을 불러냈다. 문을 열고 나온 성훈을 보고 일행은 깜짝 놀랐다. 가슴까지 늘어진 새까만 머리, 백지장처럼 창백한 얼굴, 오 자로 휘어진 다리, 허리를 다 펴지 못하고 살아서 그런지 자세가 구부정했다. 성훈은 햇빛에 눈이 부신 듯 고개를 들지 못했다. 당황한 건 성훈도 마찬가지였다. 놀란 성훈에게 성주가 울면서 다가 갔다.

그때서야 성주를 발견한 엄마가 울음을 터뜨렸다.

"주야. 우리 주야 아이가? 니 어데 갔다가 이제사 왔노?"

세 사람은 서로 끌어안고 한참을 울었다. 남편은 차분하게 '겨자씨마을 사랑의 집'에 대해 설명했다. 그러자 아들을 억압하고 있던 성훈 엄마의 마음이 녹어 들었다. 남편의 손에 십만 원짜리 수표를 쥐어 주며 자신도 아들과 함께 살 수 있게 도와 달라고 말했다. 남편과 일행은 먼저 성훈을 데리고 목욕탕에 다녀왔다. 긴 머리를 산뜻하게 자르고 새 옷을 사 입혔다. 그러자 인물이 훤해졌다. 부산에서 집에 도착하기까지 많은 시간이 소요됐다. 모든 것을 신기해하며 심하게 멀미를 하는 성훈이 때문에 휴게소마다 들러서 쉬어야 했다.

'사랑의 집'은 아이들이 많아지면서 창고로 사용하던 반지하에 방을 꾸며 거처로 사용했다. 1층과 연결된 계단을 성훈은 기어서 오르내리는 것도 힘들어했지만 몇 달이 지나자 아이들과 축구도 할 정도로 건강이 회복되어 갔다. 믿음도 잘 받아들여서, 기도원 가는 날을 손꼽아 기다리는 아이가 되었다.

그 당시 겨자씨선교회는 자동차 정비와 세차를 위한 '자동차 나라'를 운영했다. 겨자씨마을 아이들의 자립 터이자 사업장이었다. 성훈은 자동차 정비기술을 배우고 세차를 했다. 새까만 작업복에 하얀 얼굴, 언제나 싱글벙글 웃는 입술, 약간 매력적인 경상

너도 이와 같이 하라

도 사투리, 매사에 적극적이며 활발했다.

1년이 지나자 성훈은 외양이 확연히 달라졌다. 초등학교에 입학하지 못한 성훈은 학교에 다니는 게 소원이라고 했다. 성훈은 열심히 공부하여 초등과정과 중등과정 검정고시에 합격했다. 의왕에 있는 고등학교에 입학했다. 3년간 나이가 적은 동생들과 동급생으로 지내면서 졸업할 때는 모범상을 받았다. 성결대 사회복지학과에서 공부하다가 하사관으로 군대에 입대했다. 현재는 범사에 감사할 줄 아는 평범한 직장인이다.

주님은 '하나님의 선하시고 기뻐하시고 온전한 뜻이 무엇인지 분별하도록 하라.'(롬12:2)고 하신다.

방에 갇혀 지내는 성훈을 구출하지 않았다면, 지금쯤 어찌 되었을까? 성훈은 자유롭게 살며 소망을 이루기 위해 도전하는 자가 되었다. 하나님의 자녀로 그 삶이 변화되었다.

우리 연극배우로 나설까

1997년도 의왕시 주최로 열리는 제1회 연극제에 출연 교섭이 들어왔다. 겨자씨마을 식구들이 모두 동의해서 도전하기로 했다. 시청에서 창작극이면 좋겠다는 제의가 있어서 나는 대본을 직접 쓰기로 했다. 무엇을 쓸까. 기도하는데, 예배 중에 '토기장이의 손'이라는 제목을 받았다. 그래서 소년원을 퇴원한 무의탁 형제들의 공동체 생활을 그린 겨자씨마을 이야기를 쓰기로 했다. 겨자씨마을에서 일어나는 일들과 그들의 변화를 그렸다. 아이들은 예수를 믿지만, 여전히 미워하고 시기하고 가출과 도둑질을 하고 담배를 피웠다. 그래서 종종 겨자씨마을 공동체를 책임지고 있는 선교사의 마음을 아프게 했다. 오랜 시간 동안 인내하며 사랑을 실천하는 선교사의 지도와 기도 속에서 그들은 회개하며 서서히 용서와 화해의 집 가족이 되어 간다. 이 모든 과정은 토기장이신 하나님의 손에 의해 그들이 새로운 피조물로 태어난다는 줄거리를 담았다.

연극은 처음 하는 경험인지라 경험이 있는 소년원 선생님과 시청의 도움을 받기로 했다. 시청에서 연기 지도하는 분을 파견했다.

연습을 시작한 후 2명의 아이가 가출했다. 연극 대본에도 가출하는 사건이 있는데, 실제로 일어나서 무척 당혹스러웠다. 포기할까 하는 마음도 있었다. 그러나 다시 아이들을 다독이며 연습에 임했다. 망신당하지 않으려고 새벽 2-3시까지 연습했다. 하루 일을 마치고 저녁 시간에 모여서 연습하는 것이라 피곤할 법도 한데, 아이들은 불평하지 않았다. 함께 만드는 공동의 작품은 우여곡절을 겪으며, 하나님의 도우심을 구하는 기도 가운데 완성되었다.

드디어 공연 날짜인, 8월 23일이 되었다. 한여름의 열기가 좀

너도 이와 같이 하라

처럼 수그러들지 않던 무더운 날이었다. 무척 떨렸지만, 최선을 다해 연기했다. 총 7팀이 공연했고, 관객들의 반응도 뜨거웠다. 겨자씨마을 출연자들은 자신들의 이야기라서 그런지, 연습 때보다 더 실감 나게 연기했다. 염려했던 것이 무색할 정도로 생생한 연기력을 보여 준 것이다. 연극을 보는 사람들이 숙연하고 어떤 심사위원은 눈물을 훔치기도 했다. 막이 내린 뒤 한참 동안 박수갈채가 이어졌다.

출연 팀들은 마음 졸이며 심사발표를 기다렸다. 연기상, 연출상이 호명되었다. 3등, 2등이 차례로 호명되었으나 겨자씨 이름은 없었다. 그래도 잘했는데 은근히 실망하고 있을 때였다. "대상을 발표하겠습니다."라는 사회자의 목소리가 들렸다. 나의 심장은 다시 쿵쾅거렸다. 나도 모르게 두 손을 모았다.

"대상. 대상은 극단 겨자씨마을입니다. 축하합니다."

말이 채 끝나기도 전에 우레와 같은 박수갈채가 터져 나왔다.

"우와! 하나님 감사합니다."

우리는 서로서로 축하하며 부둥켜안았다. 우리가 보기에도 아름다운데 하나님은 얼마나 기쁘실까. 우리 형제들이 자신감과 승리의 기쁨을 맛본 날이자, 하나님의 영광이 높이 드러난 연극제였다.

며칠 후, 의왕시청에서 연락이 왔다. 의왕의 공무원이 아침 회의하는 날 앙코르 공연을 해 달라는 것이다. 우리 팀은 의왕시청

강당에서 다시 공연했다. 연극이 끝난 뒤 연극배우로 나가도 되겠다는 칭찬이 쏟아졌다. 아침 식사를 대접받을 때 담당과장이 물었다.

"대본을 쓴 작가가 누구입니까? 겨자씨마을이 대상을 탄 것은 '토기장이의 손' 대본의 창의성이 돋보였기 때문이었습니다."

나는 한바탕 박수를 받았다. 하나님께 감사드렸다. 은근히 내 어깨도 으쓱해졌다.

지난한 기다림의 열매

일찍이 기다림을 가장 먼저 배우고 기다림에 익숙해진 겨자씨의 아들들. 씨앗을 뿌리고 싹이 트기까지 기다리는 시간이 필요하듯, 흔들리는 인생을 바로 세우는 데도 기다림이 필요하다. 유독 감정적으로 날이 많이 서 있던 아들이 있었다. 겨자씨마을 식구들은 그 마음을 헤아려 주고 기다림의 시간을 보내는 것이 쉽지 않았다. 2001년 3월에 겨자씨 공동체로 온 광현(가명)은 강원도 평창군에서 살았다. 술로 세월을 보내던 아버지는 폭력을 가하며 가정을 돌보지 않았다. 광현이가 초등 1학년 때 엄마는 집을 나갔다. 광현은 2살 어린 여동생과 가출한 엄마가 돌아오기만을 기다렸다. 그런 와중에 아버지가 어떤 일에 휘말리면서 교도소에

너도 이와 같이 하라

들어가게 되었다. 두 남매는 친척 집을 전전하며 눈칫밥을 먹어야 했다.

광현이가 초등학교 5학년 때, 교도소를 나온 아버지는 새엄마를 맞았다. 지적 장애가 있는 분이었다. 대화나 소통이 잘되지 않아 자주 싸움이 일어났다. 성질이 급하고 화를 참지 못했던 광현은 학교도 집도 다 싫어졌다. 친구들과 어울리다 보니 밖에서 머무는 시간이 늘어났다. 그리고 마침내 가출하게 되었다.

어느 날 후배들과 술을 마시다가 순간적인 화를 참지 못해 싸움을 했다. 그 주먹질로 인해 후배가 뇌출혈을 일으켜 사망하고 말았다. 그 사건으로 시골 동네가 발칵 뒤집혔다. 후배가 다니던 학교에서 광현을 고발하는 사태가 벌어졌다. 광현은 큰 충격에 빠졌고 좌절했다. 죽고 싶은 마음만 가득했다고. 죄가 무겁고 큰 사안이라 소년교도소로 수감될 줄 알았다. 그런데 17세 미성년자이고 우발적으로 발생한 사건이라서 소년원에 송치되었다.

1999년에 소년원을 퇴원한 19세 광현이는 1년 동안 가구공장에서 일했다. 소년원에서 멘토링으로 만난 권사님의 권유로 공부할 결심을 하고 겨자씨마을로 오게 되었다. 처음 겨자씨마을로 와서 남편과 면담할 때, 광현이는 한 장의 수표를 꺼냈다. 2,484,547원이 찍혀 있었다. 가진 돈 모두를 선교회에 내놓으며 자신을 의탁한 아이는 광현이 처음이었다. 운동했던 광현은 덩치도 크고 뚝심도 있었다. 소년원에서 생활할 땐 생활관 반장을 맡왔다. 아무도 덤비지 못할 정도로 힘깨나 쓰던 소년이었다.

기독교 예배에 참석한 광현이는 성경 말씀에 호기심이 많았다, 믿음으로 살고자 애썼다. 그럼에도 겨자씨마을에서는 내키는 대로 할 수 없는 것이 불만이었는지 아이들에게 힘을 과시하거나 무력을 행사하곤 했다. 감정이 상하면 문짝을 발로 차서 자주 문이 부서졌는가 하면, 어떤 때는 밥상을 엎어서 모두를 겁에 질리게 했다. 성질이 나면 아무도 말릴 수가 없었다. 피해는 고스란히 힘없는 아이들에게 돌아갔다.

"목사님 아이들이 자꾸 가출하는 건 광현이 때문입니다. 광현을 내보내야 됩니다."

선교회 간사들은 회의할 때마다, 광현의 퇴출 문제를 거론했다. 이런저런 사고가 터질 때마다 원인 제공자는 광현이었다. 광현을 내보내야 다른 아이들을 보호할 수 있다고 모두가 압박했다.

"말썽 부리는 광현이가 나가면 겨자씨마을은 편안해질 것을 알고 있습니다. 그러나 광현이를 내보내면 어떻게 되겠습니까? 그 성질에 갈 곳은 결국 교도소밖에 없어요. 하나님을 불신하고 원망하고 완전히 믿음에서 떠나게 될 겁니다. 다른 아이들은 가출해도 그냥 그냥 살아갑니다."

남편은 간사들의 제의를 받아들이지 않았다. 우리까지 받아주지 않는다면, 광현이는 갈 곳이 없을 것 같았다. 더 큰 일을 저질러서 인생이 험난해질 것이 뻔히 보였다.

너도 이와 같이 하라

'여호와 앞에 잠잠하고 참아 기다리라.'(시37:7)는 말씀을 마음에 새기며 우리는 기도할 뿐이었다.

한동안 몸살을 앓던 광현이는 다행히 마음을 다잡고, 체육대학을 목표로 검정고시 공부를 시작했다. 운동에 소질이 있는 광현은 초등학교 때 씨름 유망주였다. 중학교에서는 역도 선수를 했다. 목표의식이 생기면서 입시에 필요한 공부와 훈련을 무섭게 하더니, 경기대학교 체육학과에 합격했다. 그 후 대학원까지 마친 광현이는 직장에 다니면서 자립했다. 그토록 말썽 많던 광현이를 10년 세월 동안 하나님은 멋진 사람으로 변화시켜 주셨다. 희망을 품고 인내한 열매였다. 광현은 믿음이 좋은 자매를 만나 결혼한 후 두 아이의 아빠가 되었다. 초등학교의 씨름 강사로 근무하며, 전국 소년원에 강연을 다닌다. 붕어빵을 굽는 자원봉사자로 활동하고 있다. 현재 00커뮤니티의 대표로서 특별히 보호 종료된 자립 청소년 공동체를 돌보며, 어려운 시기를 보내는 청소년들을 지지하고 있다.

"소년원에서 김원균 목사님을 통해 예수님을 영접하게 되고, 하나님께서 나의 죄를 용서해 주신다는 것을 알게 되었습니다. 저는 큰 죄인이고 유가족들에게 평생 지울 수 없는 마음의 상처를 준 사람입니다. 그런 저에게 하나님께서 다시 한번 기회를 주신 것입니다."

광현은 과실치사 사건이 난 뒤 현장검증 때, 죽은 후배의 형이 자신을 때리며 가족들이 울부짖던 기억을 잊을 수 없다고 늘 이야기한다. 평생 사죄하는 마음으로 봉사하며, 소년원의 동생들에게 예수그리스도를 전하는 삶을 살고 싶다고 다짐하듯 말한다.

지도에는 없는 섬 하나가 떠 있다

생명이 태어나고 죽음을 맞이하는 것은 정해진 이치다. 누구도 거부할 수 없는 인간의 한계이기에, 생명의 존귀함을 알고 더 의미 있는 삶을 살아야 하는 것이리라.

서산 앞바다에 가면 한 사람의 생명을 구하기 위해 자신의 생명을 버린 고귀한 희생으로, 지도에는 없는 섬 하나가 떠 있다. 오래 슬퍼하지 않고 오래 기억할 수 있는, 그가 남긴 사랑을 잊지 않고 생생하게 떠올릴 수 있는.

소년원의 신앙수련회는 겨자씨선교회의 큰 행사다. 해마다 1월과 8월 둘째 주에 열린다. 이 행사가 끝나면, 바로 그다음 주에 '겨자씨마을 사랑의 집' 식구들이 가족 수련회를 떠날 수 있다. 여름은 꼭 바닷가로 떠났다. 바닷가에 한 번도 가 보지 못한 아이들 때문이다.

2006년 8월 셋째 주 월요일이었다. 선교회 부교역자들에게 수련회를 맡겼다. 우리는 제자 훈련에 참여하느라 함께할 수 없었다. 그즈음 우리 부부는 겨자씨교회를 설립하고 부흥에 한참 힘을 쏟고 있었다. 수련회를 떠나던 날 아침에 잘 다녀오라고 배웅했는데, 오후 2시쯤 비보가 날아왔다. 허둥지둥 차를 몰고 서산으로 달려갔다. 한 아이의 갑작스러운 죽음에 우리는 충격에 빠졌다. 수습하느라 슬픔을 느낄 사이도 없이 그저 발만 동동 굴렀다. 바다 가운데로 떠내려가는 웅(가명)이를 구하고 물속에서 나오지 못한 해성(가명)의 익사 사고였다. 안전 대원들이 건져 낸 해성의 시신은 두 손을 깍지 끼고 가슴에 모은 상태였다고 한다. 기도하는 모습 같았다고 했다.

생명이 가는 길엔 반드시 죽음이 있고, 죽음 후에 가는 하늘나라를 믿지만, 갑자기 접한 어린 친구의 죽음은 황망할 수밖에 없었다. 죽음 앞에서 그 아이의 심정이 어땠을까? 얼마나 두렵고 무서웠을까? 해성이는 평소에 죽음에 대해 생각이나 해 봤을까? 그때 기도하는 모습의 시신에서 마지막 순간을 믿음에 의탁했음이 그나마 조금의 위안이 되었다.

해성의 출생은 친가와 외가 두 집안 사이에 고통과 단절을 가져왔다. 외삼촌과 미성년자 조카 사이에서 태어났다. 아무도 해성의 출생을 축복하지 않았다. 태어나자마자 큰아버지에게 맡겨져 16세까지 마음 붙일 곳 없이 살다가 청소년들의 공동체인 겨자씨마을로 이사 온 아이였다. 아무도 반겨 주지 않는 세상에서 홀로 꿈을 키우고자 몸부림쳤던 여린 생명이었다.

해성의 집안에서는 죽음에 대한 시시비비를 따지지 않았다. 장례식장엔 큰아버지 부부만 참석했다. 담담하게 유골함을 건네받은 큰아버지는 그동안 돌봐 줘서 감사하다는 인사를 했다. 그 뒤 소식을 알 수 없었다.

해성이는 죽기 전날에도 고장 난 컴퓨터를 만지며 오랜 시간 나와 함께 사무실에 있었다. 늘 웃는 얼굴로 말을 아끼고 무엇이든 열심히 했다. 이 세상을 떠나는 작별의 시간이 그렇게 빨리 오리라 누가 감히 상상할 수 있었을까. 아무런 예고도 없이 하늘나라로 이사해 버린 해성이. 이 땅에서의 삶을 정리할 시간도 없이 가 버린 17살의 해성이는 나에게 불쑥불쑥 찾아오는 슬픔이고 안타까움이다. 그렇게 떠나갈 줄 알았다면 좀 더 잘해 줄 것을, 좀 더 따뜻하게 대해 줄 걸 하는 후회와 자책이 한동안 떠나지 않았다. 사랑하는 사람의 죽음은 상처로 남아, 살아가는 자리마다 파편으로 박힌다.

너무 오래도록 마음 아파하지 말라고 내가 나에게 당부하듯, 짧은 글 한편으로 그 흔적을 남겼다.

거제도에서 날아온 택배 상자

"목사님! 안녕하시죠? 별것 아니지만 명절에 드시라고 보냈어요."

너도 이와 같이 하라

명절이 가까워지면 때때로 배달되던 과일 상자가 있다. 멀리 거제도에서 형오(가명)가 보낸 택배. 형오는 겨자씨마을에서 생활하다가 자립했다. 한동안 여기저기 떠돌면서 소식이 없었는데 거제도 조선소에 취직한 뒤 다시 연락이 왔다. 생활이 안정되자 명절이면 잊지 않고 선물을 보내는 따뜻한 마음을 가진 아들이다. 휴가를 맞으면 더러 겨자씨마을에서 지내다 간다.

　소년원에서 출원한 형오가 겨자씨마을 식구가 된 건 1998년 그의 나이 16살 때다. 키가 작고 마른 체격에 늘 웃는 낯이었다. 검정고시 공부를 시키기 위해선 주민등록등본이 필요했다. 그런데 형오의 주민등록이 말소되어 있었다. 삼척의 본가로 연락했다. 계모가 전화를 받았는데, 동의해 줄 수 없다고 거칠게 말했다. 남편은 형오를 데리고 여행 겸 말소된 주민등록을 살리기 위해 삼척으로 갔다. 바닷가에 있던 형오의 집에 들어서자, 새엄마는 마지못해 일행을 집 안으로 들였다. 그 표정이 차갑기 이를 데 없었다. 남편은 형오가 공부할 수 있도록 거듭 부탁했지만, 거절했다. 그 집을 나올 때 계모가 종이에 싼 상자를 내밀었다.

　"이건 네 아버지 영정사진이다. 버리든지 가져가든지 니 맘대로 해라."

　새엄마의 태도는 더 이상 말 붙일 수 없이 냉정했다. 아버지가 남긴 재산 때문인지, 말을 붙일 수 없게 경계하며 욕설도 퍼부었다. 아버지에 대한 원망이나 그리움 때문이었을까. 형오는 아버지 영정사진을 안고 꾸욱꾸욱 말없이 눈물을 쏟았다. 어부인 형오의 아버지는 배를 타다가 사고로 돌아가셨다. 그 소식을 소년원에서 들었다.

"내가 어릴 때 엄마가 돌아가셨어요. 새엄마가 집에 오셨는데 말을 안 듣는다고 때리고 욕을 했어요. 먹을 것도 안 줘서 배고픈 날이 많았어요."

바다에 나간 아버지는 집에 있는 시간이 별로 없었다. 2살 위인 형이 먼저 집을 나갔다. 형오도 가출해서 떠돌이 생활을 하다가 절도죄로 소년원에 가게 된 것이다. 주민센터에 찾아가서 사정 이야기를 하고 주민등록 복원을 해결했다. 집으로 돌아오는 길에 해돋이 장소로 소문난 정동진을 구경하고 맛있는 식사도 했다. 형오의 아픈 마음을 위로하고자 했다. 형오는 검정고시 공부를 하고 중등과정을 마쳤다. 공부하는 것을 힘들어하여 취업을 권했다.

고아가 된 형오에게 겨자씨마을은 편히 쉬고 마음 둘 곳으로 여긴 곳이 아닐까. 의지할 곳 없을 때 기댈 곳이 되었던 것 같다. 삼척에 남편과 함께 갔던 기억이 가장 행복한 추억이었다고 말하곤 한다. 형오는 잊을 만하면 잘 살고 있다고 소식을 전해 온다. 거제에서 날아온 기별은 단비처럼 반갑고 고맙다.

소년들에게 필요한 것

소년원에는 일 년 내내 신입 원생과 사회로 복귀하는 소년들이 들고 난다. 출원하는 소년들은 이상하게도 집으로 돌아간다는 표현보다 사회로 돌아간다는 표현을 많이 한다. 아마 돌아갈 집이 없어서일 수도 있고, 집이 평안과 따스함을 느낄 수 없는 공간이기 때문인지도 모른다.

사회로 나가는 소년에게 건넬 선물을 마련하여 축복하는 시간을 가졌다. 예수님과 동행하고, 고봉소망교회의 예배를 잊지 말라는 뜻을 담아 정성껏 십자가 목걸이를 만들었다. 대학 입학과 동시에 소년원 사역에 합류하게 된 우리 딸 김한나 간사가 동대문 시장에서 재료를 사고, 정성과 기도를 담아 목걸이를 만들었다. 이날 송별식과 함께 목걸이를 건넸는데, 소년들은 선물을 받자마자 목에 걸고 기뻐했다.

"저 아직도 십자가 목걸이 갖고 있어요. 교회도 잘 다니고 있고요."

가끔 출원한 소년들이 찾아와서 얘기했다. 별것 아닌 목걸이일 뿐인데, 그들에게는 평안과 사랑의 의미가 담긴 대상물이 되어 준 듯하여 기뻤다.

변화된 삶을 살겠다고 다짐했지만, 이런저런 이유로 재범하고 다시 만나는 소년들이 제법 있다. 죄를 짓지 않겠다는 의지는 있지만, 달라지지 않은 환경과 불안한 현실에 무너져 버리는 소년들이다. 가정 안에서 사랑으로 돌봐 주는 부모가 없으면 건강한 아이로 성장하기 쉽지 않다. 결핍과 부모의 방임으로 비뚤어지는 성품도 큰 문제이다. 거기에 사회적 편견도 큰 몫을 한다.

겨자씨마을에서 살던 아이 중에는 직장에 취업한 후 지속적으로 다니지 못하는 아이들이 종종 있었다. 좋은 환경이 주어져도 인내심과 사회성이 부족했다. 이미 망가진 성품은 소통에도 어려움이 있고 부정적인 심리 문제도 있다. 꿈이 없는 것도 큰 문제였다. 목표가 없는 소년들은 무엇을 해야 할지 모르고 방황한다. 자신이 무엇을 좋아하는지, 무엇을 잘하는지, 어떤 것에 보람을 느끼고 무엇을 가치 있게 여겨야 하는지 가치관이 정립되지 않은 것이다. 자기 이해와 자기 인식이 부족하니, 타인에 대한 공감 능력과 배려심이 떨어진다. 하여 긍정적이며 진취적인 태도를 갖추기 어렵다.

아프리카 속담에 '한 아이를 키우려면 온 마을이 필요하다'는 말이 있다. 아이들에게 사회적 부모로서 역할을 해 주기를 요구하는 격언이다. 철창에 갇혀 생활하고 있는 이 소년들에겐 할 수만 있다면, 온 마을 온 나라의 보살핌이 요구된다.

너도 이와 같이 하라

2장

겨자씨마을의 조연배우들

열정의 온도

인간의 중요한 덕목 가운데 올곧음과 순수함을 빼놓을 수 없다. 인간관계에서 가장 중요한 것은 일관성과 순수함이라 생각한다. 겨자씨선교회 초창기 때 함께 일했던 박승덕 전도사가 바로그런 사람이다.

박 전도사를 처음 만난 건 남편이 고봉소망교회 담임 전도사로시무할 때였다. 아이들에게 사용할 교재를 제작하는 과정에서 처음 만났다. 당시 그는 대학생 성경 읽기 선교회에서 영업을 담당하던 20대 후반의 간사였다. 키가 작고 왜소했지만, 눈이 크고 선해 보이는 인상이었다. 소년원 이야기를 듣고는 눈물을 흘리며안타까워했다. 그 즉석에서 교사로 자원했고, 우리와 함께 소년원 일을 시작했다. 이듬해엔 아세아연합신학대학원에 입학하여신학을 공부하면서 고봉소망교회 전도사로 일했다. 선교회 재정형편상 여러 간사를 둘 수 없었기에, 박 전도사님은 일인 다역을 할 수밖에 없었다. 서울소년원의 고봉소망교회와 겨자씨마을과 선교회의 행정을 처리하느라, 몸이 열 개라도 모자랄 정도로 뛰어다녔다.

박 전도사님은 노래를 잘 불렀다. 미성인 그의 찬양을 들으면 대부분 가슴이 먹먹해지고 눈물이 난다. 작은 체구에서 뿜어져 나오는 열정은 우리의 마음을 흔들어 놓았다.

"크게 찬양합시다. 우리 목소리가 하늘에 닿도록. 죽기 아니면 까무러치기야."

찬양을 인도할 때면, 늘 빠지지 않는 이 말로 400명의 소년원생 앞에서 온 힘을 다해 소리쳤다. 박 전도사가 크게 선창하면, 아이들도 예배당이 떠나가도록 큰 소리로 찬송했다. 그는 모든 일에 솔선수범을 했다. 그중에서도 겨자씨마을 아이들을 돌보는 일은 보통 에너지가 들어가는 것이 아니다. 그럼에도 아이들의 얘기와 고민을 낱낱이 들어 주는 착한 형님 같은 상담자였다.

겨자씨마을엔 담배 금지, 술 금지, 싸움 금지의 3가지 원칙이 있다. 혈기 넘치는 10대 아이들이 모여 살다 보니, 하루가 멀다 하고 금지 사항을 어기거나 가출하는 등 사건 사고가 끊이지 않았다. 규칙을 어길 경우 점심 굶기, 구덩이 파기 등 자신들이 정한 벌칙이 있었지만, 유혹을 이겨 내지 못하는 경우가 다반사였다. 그 때문에 간사들은 긴장하고 지낼 수밖에 없었다. 간사들이 회의를 시작하면 시간은 끝없이 길어지곤 했지만 뾰족한 해결책

너도 이와 같이 하라

이 나오지 않았다. 그래서 아이들이 딴 곳에 정신 빼앗기지 않게 하려면 강한 훈련이 필요했다. 여름엔 신앙수련회와 하계대장정, 겨울엔 동계대장정을 통해 강력한 훈련을 하기로 했다. 그 과정을 통해 인내심과 가족의 단결력을 향상시키고자 했다. 박 전도사님은 교관이 되어 앞장섰다. 3박 4일 동안 아이들을 책임지고 험한 산을 등정하고, 밤이면 기도회로 무장을 시켰다.

대장정의 첫날은 겨자씨마을을 출발 사북에서 탄광촌을 견학하고, 예수원으로 가서 감사 예배로 마감했다. 둘째 날은 동해 바닷가에서 신나게 놀고, 셋째 날엔 새벽 4시에 기상 피티체조와 구보로 등반을 위한 예비 훈련을 한 뒤, 눈 덮인 설악산 대청봉 등정을 시작했다. 신발에 아이젠을 부착하고 한 발 한 발 떼는 발걸음은 무겁고 힘들었다. 서로서로 격려하는 사랑의 힘에 의지하여 대청봉 정상에 올랐다.

'와아! 드디어 해냈다.'는 승리의 탄성이 아이들 입에서 터져 나왔다. 오색 온천에서 피로를 풀고, 넷째 날 마지막 훈련으로 30km 구보로 집까지 행진해서 대장정을 마쳤다.

이 과정을 계획하고 실행했던 박 전도사는 평소엔 무척 온유했다. 그런데 대장정만 떠나면 사람이 달라졌다. 어설픈 군기 잡기를 하여 그의 뒷담화로 웃음꽃을 피우게 했다. 10명이 넘는 인원을 통솔하자면 힘들고 지칠 법도 하다. 그럼에도 박 전도사는 10년 동안 아이들과 지지고 볶으며 무수한 추억을 남겼다. 그가 선교회를 떠난 후에도, 언제나 우리의 마음에 남아 있는 사람이다.

"소년원선교는 제게 충분한 가치가 있었습니다. 겨자씨에서 젊음의 에너지를 불태울 수 있어 너무 좋았죠. 겨자씨 하면 늘 고향 같은 그리움이 있습니다."

현재 모 국제학교의 교목으로 소임을 다하고 있는 박 목사님은 우리와 가끔 만난다. 시간 가는 줄 모르고, 옛날을 소환하며 이야기꽃을 피운다. 올곧고 순수했던 박 목사님을 생각하면 '열정'이라는 단어가 떠오른다. 열정은 자신이 원하는 일을 하고 있을 때 나타난다. 두 눈을 반짝이며, 앞뒤 재지 않고, 시간 가는 줄 모르고 일할 수 있다면 행복하지 않을까? 박 목사님의 열정의 온도는 섭씨 '죽기 아니면 까무러치기'다.

모텔방의 부흥회

고봉소망교회에 부부가 함께 복음 선교사역에 헌신하는 최영길 집사와 강봉신 집사 부부가 있었다. 개인사업을 하는 최 집사님은 외모도 준수할 뿐만 아니라, 인품도 모든 동역자에게 귀감이 될 만큼 선량했다.

어느 날 남편이 부산소년원 소망교회의 특별집회를 준비하고 있으니 기도해 달라는 광고를 했다. 강 집사가 찾아와서 부산소

너도 이와 같이 하라

년원 집회에 갈 때 최 집사를 데리고 가 달라는 부탁을 했다.

"부끄럽지만 최 집사가 아직 술과 담배를 끊지 못하고 있어요."

함께 여행하면서 집회하는 동안 남편의 술 담배가 해결되게 도와주기를 원했다. 남편은 놀랐다. 소년원 선교사역에서 누구보다도 모범적이고 열심인 최 집사님이었다. 신앙생활은 모범적으로 하는데, 아직 구습을 끊지 못한 것이다. 예수 그리스도 안에서 거듭나 인격적인 변화와 말씀을 실천하는 신앙인으로 세워지지 못한 남편의 상태를 염려하는 강 집사님의 마음이 읽어졌다.

그날 이후 남편이 한 주간 기도하며 계획을 세웠다. 최 집사님 부부와 고봉소망교회 총무인 심 집사님이 동행해 주기를 부탁했다. 네 사람은 승용차를 타고 부산으로 내려갔다. 집회 하루 전날에 도착한 일행은 모처럼의 장거리 여행에서 동역자 이상의 친밀감이 생겼다. 저녁을 먹고 부산소년원이 가까운 동래 온천장의 모텔방 두 개를 빌렸다. 한 방에는 최 집사님 내외가, 남편과 심 집사님은 옆방에서 최 집사님이 술 담배를 끊을 수 있게 도와 달라는 중보기도를 간절히 고하고 잠자리에 들었다.

다음 날 아침 최 집사 부부를 남편이 있는 방으로 불러 아침 경건회를 드렸다. 성령께서 그 남편의 의지와는 상관없이 최 집사를 향해 직접적이고 강한 말씀을 선포하게 했다. 성령께선 마음을 갈아엎어 주셨다.

"하나님 아버지 저의 죄를 회개합니다. 예수님을 믿는다면서 나쁜 습관을 버리지 못하고 거짓말을 했습니다. 십자가 지신 주님을 다시 못 박았습니다. 용서해 주십시오."

최 집사님은 몸부림을 치면서 눈물로 회개했다. 일행도 전심을 다해 한마음으로 기도했다. 뭇사람들이 주로 향락적인 공간으로 사용하곤 하는 모텔방에서 네 사람은 특별한 부흥회를 했다. 하나님의 사람들이 주의 이름으로 모여 기도할 때 거듭남과 부흥의 역사가 일어나는 체험을 모텔방에서 한 것이다. 최 집사님은 그날 눈물 콧물을 흘리며 회개한 후에 새로운 피조물이 되었다.

소년원선교에 더욱 충성했던 최 집사님은 하나님의 뜻을 받아 경영하던 사업을 정리했다. 50대 중반의 늦은 나이에 해외 선교에 비전을 품고 신학 공부를 시작했다. 신학 공부를 마치고 목사가 되기까지 겨자씨마을에서 섬겼다. 사고뭉치 아이들과 동고동락하는 일이 만만치 않았지만 사랑으로 섬겼다. 그 후 그들 부부는 중국 선교사로 13년간 헌신했다. 2021년 안타깝게도 코로나로 강 사모님이 소천했다. 현재 최 목사님은 베트남에서 선교사의 소임을 다하고 있다.

변하지 않는 사랑의 삼겹줄

'겨자씨 사람' 하면 자연스럽게 떠오르는 분이 여럿 있다. 46년

너도 이와 같이 하라

의 세월이 흘러가면서 무수한 하나님의 일꾼들을 만났다. 그중에서도 더욱 기억되는 몇 분이 있다. 명예도 없이 이름도 없이, 오직 하나님 사랑으로 봉사한 사람들. 어떤 곳에 있더라도 빛을 발하는 정금 같은 사람들이다.

1978년 겨자씨선교회가 창립되자 첫 번째로 후원금을 보내 주신 분이 화곡동 교회의 김부길 장로님과 故 김선분 권사님이었다. 그 시절로서는 제법 큰 금액인 10만 원을 매월 송금했다. 그 후원금은 겨자씨선교회가 본격적인 조직을 갖추고 사역할 수 있는 밑알 자본이 되었다. 또 두 분의 격려는 후원 회원을 모집하는 계기가 되었다. 김 권사님이 천국으로 이사하신 후에도 대를 이어 두 아드님이 후원금을 보냈다. 김 장로님도 여전히 후원하고 있다. 故 김 권사님은 화곡동교회 5개 여전도회의 후원금을 모아서 보냈다. 교회 여성도들과 함께 겨자씨마을 사랑의 집 김장 김치를 해마다 담가서 겨울철 반찬 걱정을 덜어 주었다. 또한 화곡동교회 여성도들과 매주 목요일마다 무의탁 소년원생들에게 점심을 제공하고 상담하는 일에 앞장섰다.

겨자씨마을을 시작하고 난 후 가재도구가 없는 텅 빈 새집에는 채워야 할 것들이 많았다. 집을 주신 하나님께서 필요한 살림살이도 채워 주실 것을 믿고 기도했다. 어느 날 남편과 서울 방배동의 방주교회 양주완 장로님 댁을 방문했다. 양 장로님 댁은 현대식 2층 양옥집이었다. 집 안에 들어서니 발 디딜 틈도 없이 고물

상처럼 온갖 잡동사니들이 널려 있었다. 강원도 산골에 있는 교회들을 위해 부인 김말순 권사가 하는 일 때문이었다. 교인들 가정에서 사용하지 않는 주방 기구, 헌 옷, 이불 등 살림에 필요한 것을 모아서 정성껏 세탁하고 수선해서 보내고 있었다.

"전도사님, 그런 일이라 카몬 걱정 마이소. 우리 하나님께서 다 책임져 주실 껍미더."

남편이 우리 겨자씨마을의 형편을 말씀드렸더니, 김 권사님은 눈빛을 반짝이면서 염려 말라고 했다. 그 집을 다녀온 지 열흘이 지나자, 장롱, 서랍장, 책상, 의자, 이불, 밥그릇, 숟가락 등 주방 기구와 간장, 된장, 고추장, 쌀, 김치 등 살림에 필요한 것을 트럭에 가득 싣고 왔다. 훗날 양주완 장로님은 목사가 되어 강원도에서 목회를 시작했다. 김말순 사모님은 철마다 강원도 특산물들을 보내 주시고, 겨자씨 가족을 초청해서 피서를 즐길 수 있게 사랑으로 보살펴 준 어머니이다.

"3년 전에 목사님이 남서울교회에 오셔서 간증하실 때에 성령님께서 제 마음에 목사님과 동역하라는 감동을 주셨어요. 그런데 이제야 실천하게 되네요."

2003년 어느 주일, 고봉소망교회에 참석한 이영자 권사님은 교사로 헌신했다. 수년 동안 고봉의 아들들에게 하나님의 말씀을 가르치는 일에 빠지지 않는 모범교사였다. 인자한 미소와 나지막한 목소리로 아이들의 마음을 위로하고 격려했다. 담임 선생님을

너도 이와 같이 하라

닮아 가는지 그 반의 아이들도 조용하고 고분고분하게 변화했다. 이영자 권사님은 다른 반 아이들이 본받도록 아이들을 양육했다. 그리고 겨자씨마을에서 여러 명의 대학 등록금 때문에 막막한 상황이 될 때면, 보이지도 않고 소리 없이 장학금을 지원했다. 주의 일이라 하면서 한 번도 드러내지 않고 힘을 다해 도와주셨다. 지금도 특별한 애정으로 때마다 후원금을 보내고 있다.

　겨자씨마을에 아이들이 늘어나자 예배 처소가 시급했다. 17명의 아들을 이끌고 어느 교회를 찾아갔다가 퇴짜를 맞았다. 소년원 출신이라서 꺼려 했다. 몇 번 등록을 거부당하면서 겨자씨교회를 세우기로 했다. 그때 겨자씨교회의 전도를 맡아 준 분이 이정옥 전도사님이다. 50대 초반에 막 신학을 마치고 영혼 구원에 대한 열정이 불타오를 때였다. 그분은 기도와 전도하는 일을 사명으로 알고 힘껏 도왔다. 이정옥 전도사님은 고봉소망교회의 주일교사로도 헌신했다. 몇 년간 가정을 떠나 겨자씨마을에서 아이들을 양육하는 일도 감당했다. 선교회가 어려울 때면 물심양면으로 후원하는 일을 아끼지 않았다. 퇴원생 중에 목사님이 되어 교회를 개척한 김은석 목사님을 돕기 위해, 성남에서 안산까지 먼 거리를 오가며 10년이 넘도록 섬겼다. 칠십 대 후반이 된 지금도 기도와 후원을 아끼지 않는다. 진실한 마음을 느끼게 하는 분이다.

일품 손맛

가재춘 권사님은 환갑을 맞으면서 가정을 떠나 초창기의 겨자씨마을로 오신 분이다. 남은 인생을 주의 일에 헌신하며 살겠다는 다짐 때문이었다. 10년간 겨자씨마을의 살림을 도맡았다. 가 권사님은 충청도 서산 사람인데, 느리고 부드러운 말씨가 매력적이었다. 누구든지 그 앞에 서면 무장 해제가 된다. 한창 클 때인 남자아이들이라 얼마나 먹는지 음식을 많이 만들어야 했고, 식사 시간은 무척 바빴다. 그러나 가 권사님의 손에 들어가면, 무엇이든 뚝딱 맛난 반찬으로 변해서 밥상이 풍성해졌다. 아무나 흉내낼 수 없는 일품 손맛이었다. 늘 찬송하며 구수한 충청도 말씨로 아이들을 대하는 편안한 할머니였다. 가출하는 아이들이 있으면 혹 당신이 뭘 잘못해서 그랬나 싶어, 금식기도를 하며 아이들을 기다렸다.

"에구! 하나님은 정말 틀림이 없어유. 어떻게 필요하다 싶은 것을 생각만 하면, 누구를 통해서든 당장에 주실까유?"

아이들에게 고기를 먹이고 싶다고 생각하면 고기가 들어오고, 무엇이 떨어질 것 같아서 어쩌나 하면 누군가 가져다준다는 말씀이었다. 고아의 아버지 조지 뮬러가 5만 번 이상 기도 응답을 받았던 것처럼 겨자씨마을도 마찬가지였다. 그러니 하나님은 우리의 아버지이시고, 정확하셔서 무섭다고까지 했다. 나이 드시면서 가족의 성화에 못 이겨 집으로 가셨지만, 늘 그리운 분이다.

별칭이 큰형님

겨자씨선교회의 최고 짝꿍으로 우애자, 황은순 권사를 꼽을 수 있다. 두 분은 그림자처럼 모든 일에 참여한다. 우애자 권사님은 나의 친언니다. 27년 동안 이탈리아와 스위스에서 살다가 한국에 돌아와서, 1999년도부터 지금까지 소년원선교의 동역자로 봉사하고 있다. 주일교사로서 아이들을 가르쳤고, 무의탁 아이들에게 점심을 제공하는 목요일에도 오랫동안 수고했다. 소년원 아이들이 부르는 우 권사의 별칭은 '큰형님'이다. 서로 잘 통해서 받들고 모신다는 말이다. 처음 담임이 되었는데, 고참인 한 아이가 앉지도 않고 욕을 하면서 다른 아이에게 일을 시켰다. 참고 있던 우 권사가 고참인 그 아이가 한 욕을 그대로 하면서 앉으라고 했다. 성경공부가 끝나고 나갈 때였다.

"야, 다들 인사해라. 큰형님 나가신다."

"큰형님 안녕히 가십시오. 또 오십시오."

그 고참이 큰 소리로 인사를 하자, 다른 아이들도 큰 소리로 복창하며 깍듯이 인사했다. 그 뒤부터 우 권사님은 아이들 사이에서 큰형님으로 불렸다. 그리고 타 종교에 나가던 아이가 목요일

모자결연 사역에서 우 권사와 맺어졌다. 예배에 나오라고 전도했더니, 종교를 둘 다 믿으면 안 되겠냐고 묻더란다.

"어디로 가든 마음을 하나로 정해라. 두 마음을 품고 있으면 기도해도 응답이 되지 않는 것이다. 한 달 줄 테니 결정해라."

말썽이 많았던 아이였는데, 교회로 나오기 시작했다. 변화가 일어나기 시작했다. 서울소년원에는 푸르미 방송국이 있는데, 그 아이를 인터뷰했다.

"제가 하도 말썽을 부려서 직원 선생님도 저를 못 이겼는데, 우 애자 엄마가 저를 꺾었어요. 기독교 예배도 참석하고 하나님을 믿게 되었어요. 지금은 매일 기도 일기도 쓰고 있어요."

출원한 뒤에도 그 아이는 꼭 안부를 묻고 자신의 근황을 알려왔다. 그 아이의 부모가 전화를 걸어 왔다.

"우리 애가 선생님 덕분에 사람 됐심더."

아름다운 파트너

겨자씨선교회 사역에 큰 공로자였던 김봉선 장로님의 아들과 며느리가 대를 이어 우리 선교회에 합류했다. 김장훈 집사와 황은순 권사다. 김장훈 집사는 2003년도에 소년원선교에 발걸음을 뗐다. 부부가 함께 20년이 넘게 소년원 아이들을 보살펴 오고 있

　　　　　　　　　　　　　　너도 이와 같이 하라

다. 10년 동안 선교회 행정 간사로 일했지만, 직장을 옮긴 현재도 소년원선교를 계속하고 있다. 아이들에게 변함없이 관심과 사랑을 쏟으며 기도로 살고 있다. 예배뿐만 아니라 소년원의 행사가 있는 날이면 빠지지 않고 아이들을 만나고, 청소와 뒷정리 등 궂은일을 도맡아 한다.

나는 선교회 살림에 보탬이 되고자 바자회를 많이 열었는데, 그것이 점차 발전하여 기증품을 받고 중고 물품을 파는 '사랑의 장터' 가게를 운영하게 되었다. 황 권사님의 가정이 안양으로 이사하면서 본격적으로 동역자가 되었으며 현재까지 이어 오고 있다. 황 권사님이 가게를 맡아 운영할 때 우 권사님도 함께 도왔다. 2년간 운영하던 가게는 사정상 접었지만, 두 분은 어떤 일을 하든지 최상의 파트너로서 함께 손발을 맞췄다. 황 권사님은 체구가 작지만 무슨 일이든지 척척 해내는 해결사이다. 겨자씨교회와 고봉소망교회의 크고 작은 일에 발 벗고 나서서 감당했다.

"믿음으로 사는 삶을 늘 기도합니다. 부모님께 좋은 아들, 행복을 주는 아들이 되라고. 그러면 부모님보다 본인이 더 행복하고, 멋진 삶을 살 수 있다고 말해 주고 있어요."

소년원교회와 목요 사역에서 만난 아들들에게 조언하는 황 권사님. 우리가 하는 일은 아주 작은 일이지만, 겨자씨만 한 믿음이 저들 가운데 뿌리내려 자라나기를 늘 기도하고 있다고. 때로는 지칠 때도 있지만 '선한 일을 하다 낙심하지 말지니 끝까지 충성스럽게 감당할 때에 때가 되면 주께서 이루시리라' 말씀을 기억하며 믿음으로 달음질하고 있는 부부다.

"지극히 작은 자에게 한 것이 곧 내게 한 것이니라"(마 25:40)

엉덩이 힘이 센 사람들

10년이면 강산도 변한다는 속담이 있다. 이 말은 십 년이라는 세월 동안 변하지 않는 것이 없다는 뜻이다. 그러나 예외가 있다. 소년원선교에 마음을 기울여 함께하는 동역자들이다. 10년, 20년이 지나도 한결같이 아이들을 만나는 사람들. 변함없이 함께 걸어가는 사람들이 있어 힘이 나고 감동이 온다.

다소 엉뚱한 면이 있어서 웃음을 주는 노종헌 전도사님은 언제나 그 자리를 지키는 거목 같다. 그분이 소년원 아이들을 만난 지 10년이 넘었다. 직장을 다니면서 토요일과 주일이면 어김없이 예배를 돕는다. 아이들의 마음을 읽어 주고 필요를 채워 주는, 편안하고 자상한 형님이다.

김나영 자매는 대학 1년 때 신앙수련회 봉사에 참여했다. 이규향 자매는 청소년 상담을 배우면서 소년원선교를 시작했다. 엄익호 형제, 안소연 자매도 교회 친구의 안내로 발걸음을 옮겼다. 그때부터 10년이 넘게 변함없이 소년원 아이들을 면회하고 편지

너도 이와 같이 하라

로 격려하고, 찬양을 인도하며 예배에 힘을 싣고 있다. 피아노 반주자가 없는 예배를 돕기 위해, 몇 날을 연습해서 반주를 돕고 있다. 음향기기를 만지고 예배 조력자로 몫을 다하고 있다.

김한나 간사는 2002년 대학에 입학한 후 소년원선교 현장에 투입된 내 딸이다. 우리 부부의 요청에 즉각 순종한 새내기 대학생이었다. 딸은 아이들에게 인기도 많았지만, 짓궂은 장난과 놀림으로 시달림을 받고 힘들어했다. 2010년부터 미술치료사로서 코로나 직전까지 상담 프로그램을 진행했다. 20년이 넘도록 겨자씨선교회의 간사로 소년원 행사의 기획과 진행을 맡고 있다.

매주 목요일 점심시간은 멘토링으로 아이들과 만난다. 아이들에게 맛난 식사를 제공하고자 정성껏 음식을 준비해 왔던 김영숙 권사님, 안산제일교회 햇살선교회를 이끄는 조송옥 권사님, 뉴라이프교회의 서선자 권사님, 생일잔치 때마다 참여했던 늘푸른교회의 김정이 권사님, 경기중앙교회 빛과소금 찬양단, 할렐루야교회 이빛찬양단, 사랑의교회 루디아 어머니회, 안양제일교회 여전도회 회원들, 배정숙 집사님, 양문교회 여전도 회원들 등 모두 십수 년을 변함없이 섬기신 분들이다.

작가나 글쓰기를 업으로 하는 사람들이 종종 쓰는 말 중에 '글은 엉덩이 힘으로 쓴다.'라는 말이 있다고 한다. 그만큼 시간과 인내심이 요구된다는 뜻일 것이다. 우리 인생에서 인내심과 시간은 살아가는 내내 필요한 동력이다. 소년원 아이들을 내 가족처럼 살뜰히 살피며 안부를 묻는 사람들. 면회를 가고 편지를 쓰고 사랑으로 돌보는 그들에겐 특별한 힘이 있다. 아이들을 향해 따뜻한 걸음을 옮기는 사람들. 한결같은 마음으로 선한 일을 통해 영혼 구원에 동참하는 교회들. 그들이야말로 엉덩이의 힘이 센 사람들이다.

어떻게 할 것인가

소년법은 미성년자가 법을 위반하고 형사책임을 져야 할 때, 어떻게 처벌(처우)해야 하는지를 규정하는 특별법이다. 전 세계 모든 나라의 소년법 목적은 소년의 변화 가능성에 중점을 두고 처벌과 지원과 도움을 적절하게 주는 것이다. 이러한 제도와 법적 장치는 많은 소년에게 도움이 된다. 그럼에도 강력범죄(살인, 강도, 강간, 방화)로 소년원에 들어간 아이들의 통계 수치는 매년 3,000건을 오르락내리락하고 있다(2007~2017년 대검찰청 범죄분석). OECD 가입국으로서 우리나라 국민소득이 3~4만 불 시대라지만, 여전히 사각지대가 존재한다. 소년의 강력범죄로 인해 사회 일각에서 불안 심리가 작용하는 것도 엄연한 사실이다. 처벌이 아니라 보호처분으로 끝난다는 점에서 비판받고 공분을 사기도 한다.

소년범죄는 주로 절도, 폭행, 사기, 문서, 명예, 교통, 성범죄 등을 꼽을 수 있다. 스마트 기기의 보급이 활발해지기 이전의 범죄 사건은 주로 생존형이었다. 일정한 직업이 없는 소년이라는 특성 때문에 절도, 폭행 등의 전통적인 사건이 주를 이뤘다. 그러나 현재는 시대가 많이 변하고 비행의 양상도 많이 달라졌다. 일례로 본드 흡입을 많이 하던 때가 있었다면, 지금은 마약 관련 범죄가 성행한다. 조직에 가담하여 폭력으로 금품을 갈취했던 범행이 최근엔 보이스피싱과 관련된 사기 범죄로 옮겨 갔다.

"물적인 범죄보다 지능적으로 변화된 새로운 범죄유형이 등장하고 있음에 주목할 필요가 있다. 범죄 그 자체의 피해뿐만 아니라, 심각한 2차 피해를 동반한다."(심재광 저, 《소년을 위한 재판》 중에서)

범행 장면의 촬영이 쉬워지고 SNS로 급속하게 확산시킬 수 있는 스마트 기기의 보급으로 2차 피해가 손쉽게 발생한다. 폭행과 성적인 장면을 스마트 기기로 촬영하여 SNS에 올려놓고 피해자를 조롱한다. 그 같은 범죄의 피해자가 되면 심각한 심리적 피해를 입게 된다. 오래도록 트라우마에 시달리고 심리적 압박은 회복하기 힘든 수준이 되어 간다.

최근 소년범죄의 경향은 책임 의식이 미약한 소년들에게 더 만연되고 있다는 점이다. 소년원에서 생활하는 일부 아이들은 피해자에 대한 미안함이나 반성의 기미가 없다. 소년원에 구금된 것으로 자신들의 잘못을 다 갚았다는 인식도 있다. 간혹 소년원으로 다시 들어오는 아이들을 만날 때가 있다. 반갑기도 하지만 속상함이 앞선다.

"힘들지만 조금만 버티다 나가면 돼요."

보호관찰 위반이든 재범으로 들어오든지 간에 아이들은 대수롭지 않게 말한다. 소년원에 적응되었으며 여기도 살 만하다고 당당하게 말한다. 소년원을 여러 번 들락거리면서 청소년기를 다 보내는 아이들도 있다.

"이제 여기서 만나지 말고 밖에서 만나자. 만기 때까지 착실하게 생활하다가 나가면 좋겠구나."

안타까운 약속의 말을 주고받지만, 성향이 얼마나 개선되어 변화를 이룰지는 미지수다. '이 아이들을 어떻게 대해야 하는가. 어떻게 하면 아이들의 마음을 바꿀 수 있을까. 소년원 선교사들은 이 일을 어떻게 펼쳐야 하는가. 이 아이들을 어떻게 도울 것인가.' 늘 기도하며 이 물음 앞에 선다.

교정시설인 소년원은 믿음의 좋은 훈련장이 될 수 있다. 일단 아이들이 소년원에 있으면 안전한 환경이다. 통제를 받는 것이 때론 기회가 되기도 한다. 적어도 예배에 나오는 아이들과 소통하며 관계를 쌓을 수 있다. 하나님의 사랑을 전해 줄 수 있다. 올바른 가치관을 심어 줄 수 있다. 상대방을 배려하며 기본적으로 필요한 말을 꾸준히 들려줄 수가 있다. 이 땅에서는 낙심되고 절

너도 이와 같이 하라

망할 수밖에 없는 처지이지만, 천국 소망의 믿음이 있다면 얼마든지 이겨 낼 수 있고 변화된 삶을 살게 될 것이다.

우리가 경험한 바로는, 소년원생을 향한 하나님의 사랑과 긍휼하심이 많은 소년원생의 삶을 바꾸셨다. 새로운 피조물로 살게 하셨다. 신앙의 능력은 대단했다. 아프리카 선교사로 헌신하여 섬기는 사람, 목사가 되어 교회를 섬기는 사람, 어렵고 힘든 사람을 돕는 봉사자가 많이 나왔다. 소년원 선교활동을 통해 하나님은 못 고칠 사람이 없는 분이심을 알게 했다.

사랑과 뜻을 합해 한마음을 품고, 다툼과 허영으로 하지 말고, 오직 겸손하게 자기 일뿐만 아니라, 다른 사람의 일을 돌보라고 하신다. 이것이 예수님의 마음이고 충만한 기쁨이 된다고 하셨다. (빌2:2-4)

소년원선교는 끊이지 않는 관심과 사랑과 기다림이 요구된다. 예수님의 마음으로 아이들을 섬기며 진정으로 사랑하고 회복시키고자 노력하는 사람으로 거듭나야 한다. 양들을 위해 목숨을 바치는 선한 목자와 같은 사명자가 많이 나오길 기도하고 있다.

동행

내 젊은 날의 초상

나는 1954년 6월 경상남도 김해시에서 3남 3녀 중 셋째 딸로 태어났다. 나를 낳은 후 엄마는 늑막염으로 오랫동안 병원 신세를 졌다. 나는 엄마 젖을 못 먹고 외할머니가 끓여 주는 미음을 먹었다. 그래도 잘 울지 않고 생글생글 웃는 순한 아이였다. 친할 아버지는 '우리 음전이, 우리 음전이' 하면서 무척 예뻐하셨다. 나는 자라나면서 몸이 허약하고 잔병치레를 많이 해서 식구들을 걱정하게 했다. 소아마비에 걸릴 뻔했으며, 홍역을 앓다가 폐렴에 걸려 생사를 넘나든 적도 있었다.

"얘가 살아나면 천명입니다."

의사의 말이었다.

"하나님께서 내 배필로 정해 놓았는데 죽게 하셨겠어? 당신 지금 살아 있는 게 다 내 덕이야."

나의 병치레 이야기를 듣던 남편이 으스대며 한 말이다. 덕분에 한바탕 웃었다. 허약한 나는 성장하면서 건강한 친구들이 부러웠다. 뒤처지지 않으려고 악착같이 운동을 했더니, 중학교 때는 핸드볼 선수가 되어 운동장에서 살았다. 또 친구의 권유로 문학에 관심을 두기 시작했다. 경상남도 예술대회 백일장에서 입상했다. 자긍심이 생겼고 열정을 갖게 되었다. 운동선수나 문학도가 되는 꿈을 꾸었는데, 중학교 3학년 때 아버지가 돌아가셨다. 건축 일을 하시던 아버지는 사업에 부도를 맞아 병을 얻었다. 그리고 얼마간 부빙하다가 세상과 이별했다.

아버지의 부재는 우리 가족의 삶을 바꾸어 놓았다. 집을 팔아서 서울로 이사한 어머니는 장사하다가 사기꾼에게 돈을 다 날리셨다. 가난이 도둑같이 찾아왔고, 가난하여 고통스러운 생활이 시작되었다. 나는 유명한 사람이 되어 사람들에게 인기를 얻고 싶은 욕망도 있었다. 그러나 내 마음대로 목표를 세우고 꿈을 꾸는 것은 사치가 되었다. 가정환경을 친구들과 비교하고 엄마를 원망했다. 고등학교 졸업 후 직장엘 다녔지만 사는 재미가 없었다. 퇴근 시간도 늦고 무언가 배우려고 해도 돈이 없었다.

그때 직장 친구가 전도했다. 서울 퇴계로에 있던 충현교회였다. 나는 어릴 때부터 교회에 다녔지만, 서울로 이사한 후 빈번하게 이사해서 교회에 다닐 수가 없었다. 방황기를 마치고 신앙생활을 회복하기 시작했다. 청년부 소속으로 예배를 드리면서 활동했다. 사모하는 자에게 은혜를 주시고 찾는 자에게 만나 주신다는 말씀을 믿고 기도했다. 주님을 인격적으로 만나게 되었다.

"주님! 저의 삶을 드리기 원합니다. 저를 받아 주소서."

주님께 헌신 기도를 드렸다. 신학교에 들어가 훈련도 받고자 했다. 가난하게 살았기에 결혼만큼은 경제력을 갖춘 사람과 하고 싶었다. 능력 있는 남자를 만나고 행복하게 살아가리라 기대했다. 그런데 하나님께 헌신하면서 그런 바람이 가치 없게 느껴지고, 내 젊은 날의 꿈은 그렇게 막을 내렸다.

김원균 청년을 만나면서 내 인생은 180도 바뀌었다. 남편과 동행하는 동안 무식하면 용감하다는 말처럼 겁이 없었다. 우리는 결혼 후 28번 이사를 다녔다. 늘 가난 속에서 살았다. 선교회의 행정을 보면서 행사 때마다 재정에 시달렸다. 소년원 아이들의 먹을 것을 만들고, 겨자씨마을 아이들을 돌보는 일 때문에 늘 바빴다. 언제나 턱없이 부족한 선교회의 재정에 보탬이 되고자 여러 일을 했다. 후원 교회의 바자회에 1년에 여러 번 의류 가방을 들고 참여했다. 기증품을 모아 판매하는 '사랑의 장터'를 열어 수익사업을 벌이기도 했다.

내가 선택한 길은 앞이 보이지 않는 막막한 길이었다. 그러나 하나님께서 작정하시고 인도하신 길이기에, 의미 있는 고난으로 받아들였다.

'나의 가는 길을 오직 그가 아시나니 그가 나를 단련하신 후에는 내가 정금 같이 나오리라'(욥23:10) 주문처럼 외우고 또 외웠던 말씀이다. 시험이 닥쳐오면 연단의 기회라고 생각했다. 나의 나약함과 부족함을 아시는 주님께서 이겨 나갈 힘도 주실 것으로 믿었다. 언제일지 모르나 천국에 들어갈 때까지 동행해 주실 것을 믿고 오늘도 기도하며 살아간다.

인연

간혹 우리 부부에게 어떻게 결혼했느냐고 묻는 분들이 있다.

"하나님이 주선하셨지요. 이 사람이 맘에 들었지만, 하나님께서는 어떨지 모르고 또 젊은 전도사 시절이라 가진 것도 없어서, 기도만 할 뿐이었죠. 다행히 하나님께서 제 마음을 아시고 인도해 주셨습니다."

남편은 신학을 한다고 집에서 쫓겨나 교회 장의자에서 잠을 자고 라면으로 끼니를 때우고 살았다. 내세울 것은 하나님의 뒷배밖에 없었다. 그런데 30살 노총각의 가슴을 설레게 했던 그날을 잊을 수 없다고 늘 이야기한다. 겨자씨선교회 회원들이 밤을 새우고 기도회를 했던 현충일 날 새벽, 비가 내렸다.

"전도사님, 오늘 일정이 없으면 저랑 데이트나 하시죠."

교회 행사가 취소되었기에, 일정이 비어서 내가 던진 말이었다. 남편은 드디어 하나님의 응답이 이루어졌다며 속으로 쾌재를 불렀단다. 남편은 내가 먼저 데이트를 신청한다면, 하나님께서 허락하신 배필로 받아들이겠다고 6개월 동안 기도를 하고 있던 참이었다. 우리는 명동 예술극장 앞에서 노방전도를 할 때 처음 만났다. 1979년 1월로 충현교회 청년부 선교팀은 매주 화요일 전도지를 전하며, 찬양과 말씀으로 복음을 전했다. 그 당시 임원을 맡고 있던 나는 새로운 사람이 참여해서 인사를 했다.

그 후 나는 잊고 있었는데, 그가 4월 말 청년부 철야 예배에 참석했다. 나는 그를 잘 알지 못했지만, 이미 우리 청년부에선 김원균 청년을 알고 있었다. 여러 청년이 소년원 사역에 동참하고 있었으며, 그는 겨자씨선교회 회장을 맡고 있었다. 그날도 그는 소년원 선교 교사 모집차 방문했다. 그가 나에게 한 번만이라도 소년원에 동행해 주기를 부탁해서 발을 들여놓게 된 것이 겨자씨선교회와 인연이 되었다.

김원균 청년은 하나님 앞에 순전할 뿐만 아니라, 영혼 구원의 열정이 남달랐다. 부르짖는 기도를 많이 해선지 목소리가 우렁찼다. 성령의 인도함을 받는 사람으로 보였다.

"아이구야! 요새 빵구 난 양말이 뭐꼬? 얼매나 못살몬 양말도 못 사 신나? 언감생심, 꿈도 꾸지 말그라. 치아삐라 마."

김 전도사가 우리 집 마루에 발을 올리는 순간 엄지발가락이 양말 밖으로 쑥 나온 것을 엄마가 본 것이다. 전도하느라 낮 동안 돌아다녀서 아침에 멀쩡했던 양말이 구멍 난 줄도 몰랐다고. 맞

너도 이와 같이 하라

선도 퇴짜를 놓던 내가 교제하는 사람이 있다고 하자, 엄마는 한 번 만나 보자고 했는데 이런 사달이 난 것이다. 우리 집안의 완강한 반대에 부딪혀 어려움이 있었으나, 우리는 1980년 5월 결혼에 골인했다. 아들과 딸을 낳고 부부로 동역자로 살고 있다.

'딱 한 번만'이 46년째 진행 중

"소년원에 한 번만이라도 와 주시면 좋겠습니다."

나는 잘하는 것이 없다고 여러 번 거절했는데, 간곡하게 부탁하기에 엉겁결에 허락하고 말았다. 약속했으니 가 봐야겠는데 공교롭게도 매주 직장과 집안에 일이 생겨서 갈 수가 없었다. 거듭 권하는 제안에 더 이상 거절하기 미안해서 부담을 잔뜩 안고 한 달 만에 참석했다. 그곳엔 우리 교회 청년부 소속 청년들이 여러 명 있었다. 그들이 한사코 나를 붙잡았다. 나는 결국 겨자씨선교회의 회원이 되어 그날부터 매주 토요일마다 소년원생들에게 복음을 전하는 사람이 됐다.

1979년 나는 서울 충현교회에서 신앙생활을 하고 있었다. 청년부 철야 예배가 있던 4월 하순 어느 금요일, 청년들이 밤 10시부터 순서에 따라 찬양과 말씀, 기도로 새벽 5시까지 뜨겁게 예배를 드렸다. 그날은 청년부 소속이 아닌 사람이 대표기도를 했다.

노방전도에서 처음 본 청년이었다. 부르짖는 소리가 우렁차고 기도의 내용이 여느 청년들과는 달랐다. - 그는 매주 산 기도로 신앙훈련을 하던 사람이었다. 그때는 밤 12시부터 새벽 4시까지 통금 시간이 있었다. 예배가 끝났지만, 버스가 다니는 5시까지 내려가지 못했다. 그가 내게 와서 인사했다. 그는 타 교회를 섬기면서 우리 청년부 토요 성경 반에 참석하고 있었다. 많은 사람과 친숙한 사이였는데, 나만 모르고 있었다. 그는 겨자씨선교회 회장으로 소년원생에게 복음을 전하고자 봉사자를 모집 중이라 했다. 그러면서 내게 꼭 참여해 줄 것을 제안했다.

청년은 꿈과 도전 활동이 왕성한 시기지만, 흔들리고 넘어지고 실수도 많이 한다. 나도 그중 한 사람이었다. 학업과 진로, 경제적인 어려움, 이성 문제 등으로 방황했다. 이 문제들이 빨리 지나가기를, 하나님께서 꼭 붙잡고 이끌어 주시기를 많은 날을 기도했다. 마침내 나는 인격적으로 하나님을 만났다. 이집트 선교사님의 헌신을 촉구하는 말씀을 들으면서 하나님의 사람으로 살겠다고 서원했다. 그 후 나는 독신으로 하나님의 종으로 헌신하든지, 함께할 수 있는 사람을 만나서 사역의 길을 가게 하든지, 나를 향한 하나님의 뜻을 알고 싶어 두 손을 모았다. 신학교를 가고자 소망하던 즈음, 뜻하지 않게 소년원 사역에 발을 들여놓았다.

하나님의 부르심은 그렇게 시작되었다. 그 청년과 나는 복음 전하는 일을 하면서 가까운 사이가 되었으며, 머잖아 부부가 되

너도 이와 같이 하라

었다. 한 번만 가 보기로 하고 내디딘 발걸음이 어느덧 46년째 한 길을 가고 있다. 수만 명의 비행소년들을 만나기 위해 소년원의 문턱이 닳도록 드나들었다. 청년기에 내가 그리던 삶과 하나님의 뜻은 달랐다.

선량해 보이는 사람을 어찌 의심하나

남편이 중부경찰서 전도사역을 할 때 알게 된 젊은 사업가가 있었다. 대학에서 치기공을 전공한 그는 당시 여러 명의 직원을 두고 치과 기공소를 운영했다. 그가 경찰서 전도사역에 동참함으로써 남편에게 힘을 보탰다. 영혼 구원을 위해 혼신을 기울여 기도하고 말씀을 전할 때, 그는 찬양으로 은혜를 끼쳤다. 예배의 자리는 하나님께서 죄인들을 긍휼히 여기시고 불쌍히 여기심을 목도하는 현장이다. 말씀을 전하고 뜨겁게 기도할 때 마음이 가난한 이들에게 성령의 불을 내려 주셨으며 수많은 사람이 눈물로 회개하며 예수님을 영접했다.

"오늘 말씀에도 큰 은혜를 받았습니다. 예배 때마다 제가 힘을 얻어요. 전도사님을 닮고 싶어요."

"별말씀 다 하십니다."

사역이 끝나면 기공사 형제는 종종 귀한 음식을 대접하며 남편을 칭찬했다. 그와 동역하면서 점점 마음을 터놓는 사이가 되었다. 사역을 함께한 지 몇 개월이 지나고 그 형제는 찬양하는 자매와 결혼했다. 우리와 가깝게 지내고 싶다며 우리가 살고 있는 동네에 신혼살림을 차렸다. 우리는 좋은 관계를 유지했다. 그러다가 우리에게 이사해야 할 사정이 생겼다. 1981년 5월 23일, 결혼기념일에 태어난 아들이 8개월쯤 되었을 때였다. 아이를 돌봐 줄 사람이 없어서 전전긍긍하다가 결국 나는 직장을 그만두었다. 생활을 책임지고 있던 내가 퇴사하게 되자, 가장의 책임 의식을 느낀 남편은 소년원 사역을 계속할 수 있는 교회로 사역지를 옮겨야 했다. 경찰서 사역을 중단하면서 우리는 그 형제와 자주 볼 수 없게 되었다. 몇 달이 지난 어느 날, 그에게서 연락이 왔다.

"전도사님, 제가 내년에 신학교에 입학하려고 합니다. 그래서 사업에서 손을 떼고 싶은데, 전도사님께서 맡아 주시면 어떨까요?"

그는 자신이 운영하고 있던 치과 기공소를 우리 선교회에 넘겨주겠다고 했다. 소년원 퇴원생들에게 치과 기공 기술을 가르치면 충분히 자립할 수가 있으니 다시는 재범하지 않게 될 것이라는 말도 덧붙였다.

"배려는 감사한데, 우리는 인수할 여건도 안 되고 사업에 완전히 문외한입니다."

남편이 사양하자, 그는 기공소의 기계 시설 등의 재산 가치가 삼천만 원 정도 되는데, 선교회에 무상으로 인계해 주겠다고 했

너도 이와 같이 하라

다. 그뿐만 아니라 자신이 매주 1~2일은 기공소의 기술적인 문제들을 도와주겠다고 했다. 평소 소년원 퇴원생들이 재범하는 것을 안타깝게 여기며 고심하는 남편을 잘 아는 그였다. '퇴원생의 자립을 위해 기도해 왔는데, 이렇게 하나님께서 응답하시는구나' 생각하니 그저 감사했다. 찬양으로 사람을 감동하게 하고, 방언과 통변을 하던 그들 부부는 신령한 사람 같아 보였다. 하나님께 헌신된 사람은 섬김도 남다르다 생각하면서 그 부부의 말을 하나님의 음성으로 들었다.

우리는 좋은 기회라고 여기며 기도했다. 그리고 치과 기공소를 인수했다. 그러나 무상으로 받기엔 너무 염치가 없는 것 같아서 그 형제의 신학교 등록금이라도 보탤 수 있게 돈을 마련했다. 어머니께 부탁하여 적지 않은 돈을 빌려서 사례금을 전달했다. 우리 가족 세 식구는 기공소 한쪽에 방을 만들어 이사하고, 소년원 퇴원생에게 꿈을 키워 줄 사업을 시작했다. 그런데 매주 한두 번씩 꼭 방문해서 기공소 일을 돕겠다던 그 사람이 약속을 지키지 않았다. 그는 나타나지 않았을 뿐만 아니라, 아예 연락조차 되지 않았다. 어찌해야 할지 몰라 막막했고, 잘 알지 못하는 사업을 하려니 힘이 들었다. 또 엎친 데 덮친 격이랄까. 기계 값, 재료비 등 돈을 받으러 오는 사람들이 찾아왔고, 인건비 등 미처 예상하지 못한 문제들이 계속 발생했다.

퇴원생들에게 좋은 기술을 지원함으로써 그들의 꿈을 응원해 주고 안정된 생활과 학업을 뒷받침하고자 시작한 사업인데, 시작부터 난항이었다. 어떻게든 일으켜 보려고 안간힘을 쓰며 이리 뛰고 저리 뛰어 보았지만, 기공소 운영을 감당하기엔 역부족이었다.

선량해 보이는 사람을 어찌 의심할 수 있겠는가. 찬양도 잘 부르고 기도도 잘하며 인정 많아 보이던 그 사람을. 그런데 알고 보니, 그는 여기저기 빚이 많았다. 부실한 사업장을 우리 선교회에 떠넘기고는 자취를 감춘 것이었다.

십자가를 지는 훈련

기도할 힘도 없을 정도로 우리는 지쳐 가고 있었다. 기울어져 가는 기공소를 살려 보겠다고 여기저기에서 돈을 빌릴 만한 곳은 다 빌렸다. 우리는 점점 더 아무에게도 얼굴을 들 수 없게 되었다. 빌린 쌀과 밀가루마저 떨어져 어느 날엔 아침밥을 지을 수조차 없었다. 부엌을 뒤져 보니 다행히 작은 감자 몇 알이 남아 있었다. 얼른 삶아서 으깨어 칭얼대는 아들에게 떠먹였다. 그때가 10시가 넘었는데, 밖에서 돌아온 남편이 이런 상황을 알아차렸는지 아무 말 없이 다시 나가 버렸다.

"어딜 다녀오는 거예요?"

오후 늦게 돌아온 남편이 걱정되어 물었다.

"그냥, 나중에 얘기할게요."

그는 별말 없이 누런 봉투를 하나를 쓱 내밀고는 또 집을 나갔다. 봉투 안에는 9천 원이 들어 있었다. 그 돈으로 시장을 봐서 남편의 저녁상을 차렸다. 두어 시간을 기다렸을까? 어둠이 내릴 즈음에야 집에 돌아온 남편의 몰골은 초췌해 보였다. 얼른 상을 차리고 마주 앉아 밥을 먹는데 얼마나 맛있던지 임금님 수라상이 부럽지 않았다. 먹는 것이 그렇게 행복한 것인지 그때 처음 알았다. 또한, 하나님과 가까워지고자 금식할 땐 기쁨이 있었으나, 먹을 게 없어서 굶는다는 건 서글펐다.

감언이설로 우리를 속인 그 형제가 나쁜 사람이지만, 우리에게도 문제는 있었다. 그저 기도 응답으로 좋게만 생각했을 뿐, 찬찬히 짚어 보거나 객관적으로 판단하지 못했다. 남편과 나는 세상 물정에 어두운 사람이었다. 그 실책으로 어려움과 고통을 당하는 것은 당연한 수순이나, 시간이 좀 더 흐른 뒤에 우리는 알게됐다. 이 과정이 하나님의 십자가를 지는 훈련이며 연단이었다는 것을.

너희는 뱀같이 지혜롭고 비둘기같이 순결하라. (마10:16)

회개

우리는 엉겁결에 인계받은 치기공 사업에 손을 댔다가 나락으로 떨어지기 시작했다. 여기저기서 빌려다 쓴 돈으로 빚이 늘었고, 급기야는 집 안에 쌀 한 톨 남지 않았다. 끼니를 잇지 못하는 처지가 됐다. 남편은 성경만 읽는 것도 미안한지 무작정 집을 나갔다.

"어디를 가야 할지 막막하여 무작정 길을 걸었는데, 강남에 있는 혜명교회 주영택 목사님이 떠올랐어요."

밤이 다 되어서 집에 온 남편은 하루 동안 있었던 일을 전했다.

버스를 타려고 주머니를 뒤졌으나, 토큰은커녕 백 원짜리 동전 하나도 없었다. 하는 수 없이 집 근처 문화동에서 약수동 고개를 넘어 한남대교까지 걸어갔다. 말없이 흐르는 한강 물을 다리난간에 서서 내려다보고 있자니, 하염없이 눈물이 쏟아졌다. 편안한 삶을 포기하고 가정과 사회로부터 소외된 어린 소년원생들에게 복음을 전하며 그들과 함께하고 싶어서 자원한 길이지만, 갓 첫돌이 지난 아들과 아내를 굶기는 처지가 되고 보니 부끄럽고 막막하기만 했다. 심한 자책감이 밀려왔다. 한남대교 난간 위에 서서 흐르는 강물을 하릴없이 바라보았다. 그곳에서 생을 마감하는 사람들의 심정이 이해되었다. 남편은 나도 하나님을 만나지 못했다면, 천국 소망이 없었다면 그럴 수도 있겠다는 생각이 들었다고.

너도 이와 같이 하라

다시 터벅터벅 걸어서 삼성동 혜명교회에 도착했을 땐 점심때를 훨씬 넘긴 시간이었다. 주 목사님이 반갑게 맞아 주셨다. 점심 전인 것을 안 주 목사님이 사모님께 식사를 부탁했다. 잠시 후 사모님이 밥상을 들여왔다. 밥상은 풍성했고 음식도 맛있어 보였다. 벌써 입안에선 군침이 돌았다. 그런데 집에서 굶고 있을 아내를 생각하니, 혼자서 음식을 먹을 수가 없었다. 몇 숟가락 먹다가 상을 물리고 남편은 자리에서 일어났다. 가족들이 걱정되었다. 남편이 나올 때 주 목사님이 봉투 하나를 주셨다. 열어 보니 만 원권 지폐 한 장이 들어 있었다. 집에 가려면 버스를 두 번 타야 하기에, 토큰 세 개를 사고 잔돈은 그 봉투에 담아 아내에게 건넸다.

"이거 받아요. 정말 미안하오."

나는 다시 집을 나왔다. 문화동 뒷산 채석장에 올라가 회개 기도를 올렸다. 못나고 어리석었던 자신을 용서할 수 없었다. 하나님께 통곡하며 부르짖는 기도를 하고 나니, 가슴에 얹혀 있던 바윗돌이 빠져나간 듯 편안해졌다.

하루 동안 있었던 남편의 이야기를 들으면서 서로 소통하지 않으면 알 수 없는 게 사람의 마음인 것을 깨달았다. 그동안 나는 속으로 남편을 탓했다. 그런데 남편의 말을 듣고 나니 그가 얼마나 자책했는지, 가장으로서 얼마나 가슴 아팠을지, 어쩔 줄 몰라 하는 남편의 답답한 심정이 느껴졌다. 이런 상황이 오기까지 현명하지 못했고 반대하지 못한 잘못이 나에게도 있다는 생각이 그제야 들었다. 그날 어둠이 깊어지도록 나는 회개 기도로 잠을 이루지 못했다.

하필이면, 그곳에서 보다니

1984년 2월, 우리 가족은 프랑스식으로 지은 양옥집 2층에서 세를 살고 있었다. 도로에서 골목길로 한참 걸어 들어가는, 정원이 넓고 멋진 집이었다. 그런데 주인댁과 우리 가족 모두 집을 비운 사이에 도둑이 들었다. 딸이 태어난 지 백일이 된 날이라, 사진을 찍어 주려고 외출했다가 해 지기 전에 돌아왔는데, 잠가 놓았던 현관문이 열려 있었다. 놀란 가슴을 쓸어내리며 집 안에 들어갔더니 위아래 층 모두 난장판이 되어 있었다.

"어쩌면 좋아. 큰일 났네."

서랍장에 넣어 둔 돈이 없었다. 겨우 마련한 남편의 신학교 등록금과 집안 행사에 쓸 경비 180만 원이었다. 그뿐 아니었다. 돈이 될 만한 것은 다 가져갔다. 심지어 아들 바울이가 모아 놓은 돼지 저금통까지 털어 갔다. 눈물이 왈칵 쏟아졌다. 3살짜리 아들은 허둥대며 우는 엄마를 보면서 무서웠는지 따라 울었다. 그 소리에 업혀 있던 딸도 울어 대기 시작했다. 겨우 정신을 차리고 경찰서에 전화를 걸었다. 연락을 받고 집에 온 남편은 하나님께서 도우셨다면서 오히려 울상이 돼 있는 나를 위로했다.

"만약 당신이 집에 있을 때 강도들이 들어와 상해를 입혔으면 어쩔 뻔했어. 가족들 무사하니 감사합시다."

범인들은 며칠 못 가서 잡혔다. 십 대의 남녀 여러 명이 혼숙하면서 빈집 여러 곳을 털었던 사건이었다. 뉴스 시간에 떼강도라는 말을 처음으로 사용하게 했던 장본인들이다. 경찰관이 여러명을 포승줄에 묶어서 현장검증 하러 왔다. 꼭 굴비를 엮어 놓은모습 같아서 왠지 짠했다. 당시 남편은 유치장 전도를 하고 있었다. 그 주 목요일에 중부경찰서에 갔더니 그 떼강도 아이들이 나그곳에 있었단다. 원수는 외나무다리에서 만난다더니, 공교롭게도 유치장에서 그 아이들을 만난 것이다.

"여러분 가운데 지난번 역촌동 2층 집에서 아기 저금통까지 턴사람들이 있다는데, 그 집에 살던 사람이 바로 저입니다. 가난한전도사 가정이라서 대단한 것은 없었지만, 값나가는 것은 모두다 가져가고 온 집 안을 난장판으로 만들어 놓았죠. 어린 아들의저금통까지 털린 집에 들어갔을 때, 놀란 가슴과 허탈했던 마음은 이루 말로 표현할 수 없습니다.

그러나 여러분이 서울 시내의 여러 경찰서 중에서 하필이면 내가 설교하는 이곳 중부경찰서로 체포되어 온 것은 하나님께서 여러분을 사랑하시는 증거입니다. 저는 이곳 유치장뿐만 아니라, 소년원의 친구들도 만나고 있습니다. 사랑의 하나님께서 여러분을 구원하시기 위해, 오늘 여러분 때문에 피해당한 나에게 여러분의 잘못을 용서하고 사랑으로 복음을 전하라고 이 자리에서 만나게 해 주신 것으로 믿습니다. 예수님께서 원수를 사랑하라(마5:44) 교훈하셨기에 나도 여러분을 미워하지 않고 사랑하겠습니다."

남편은 설교를 마친 뒤, 그 10대 강도들이 회개하고 하나님을 믿어 새사람이 되게 해 달라고 무릎을 꿇고 눈물로 기도했다. 기도 후 그들 중 대부분이 눈물 흘리면서 기도하고 있었다. 그 후에 남편은 서울구치소로 이 아무개라는 그 떼강도 주범을 면회하여 복음을 전하고 기도해 주고 영치금도 넣어 주었다.

범인들이 잡혔고 그들이 지니고 있던 돈을 일부 회수했지만, 등록금으로 마련했던 우리 돈은 찾을 수가 없었다. 담당 검사를 찾아가 사정을 해 봤지만 소용없었다. 우리 돈임을 증명할 수 없다는 것이었다. 모두 국고로 들어간다는 검사의 말에 우리는 맥이 빠지고 실망이 컸다. 조금이라도 찾을 수 있으리라는 기대감이 무너진 것이다. 그러나 우리는 하나님의 뜻을 물었고, 하나님의 말씀으로 위안 삼고 잊어버리기로 했다.

'내가 온 것은 의인을 부르러 온 것이 아니요 죄인을 불러 회개시키러 왔노라.'(눅5:32)

하나님께서는 묘한 만남을 주시고, 예수님을 믿는다는 이유로 그들을 욕하거나 미워할 수 없게 만드셨다. 외려 우리로 하여금 원수를 사랑하라는 교훈을 깨닫게 하셨다.

너도 이와 같이 하라

당신 얼굴이 두 개로 보여

남편이 다급하게 나를 불렀다. 2000년 12월 27일 새벽이었다.

"왜 그러세요?"

"당신 얼굴도 두 개로 보여."

남편의 목소리가 몹시 떨렸다. 남편은 잠에서 깨어 보니 눈에 보이는 모든 사물이 두 조각 난 듯 어긋나 보이더란다. 눈을 살펴 보니 오른쪽 눈동자가 위로 올라가 있었다. 몇 달 전부터 남편은 목과 어깨가 아파서 여러 병원에 다녔다. 한데 병명이 뚜렷하지 않았고 꾸준하게 치료를 받았지만 별로 차도가 없었다. 설상가 상으로 눈에 충혈이 생기고 통증까지 있어 동네 안과 병원을 찾았다. 좀 이상한 것 같으니 제대로 검진을 해 보라는 의사의 말이 있었다. 그래서 삼성병원에 예약해 놓은 터였다.

종합병원 응급실은 정신이 없을 정도로 많은 환자가 드나들고 있었다. 담당 의사가 진료하는데, 남편은 오른쪽 눈을 뜨지 못했다. 눈꺼풀을 들고 눈동자를 살펴보던 의사가 심각한 표정을 지었다. '절박한 병이면 어쩌나.' 가슴이 철렁 내려앉았다. 의사가 설명하는데 무슨 말을 하는지 이해되지 않고 정신만 혼란했다. '심하면 죽을 수도 있다'는 의사의 말만 맴돌았다. 입원실이 나지 않아 응급실에 있으면서 남편은 병상 침대로 여기저기 실려 다니 면서 검사를 받느라 진이 다 빠진 것 같았다. 나도 전쟁터같이 숨

막히는 광경이 일어나는 응급실에서 빨리 벗어나고 싶었다. 바로 옆자리의 환자가 숨을 거두고, 앞에 있던 환자가 세상을 뜨는 모습을 보아야 했다. 고인의 죽음을 안타까워하며 슬피 울며 뒤따르는 가족들이 안타깝고 착잡한 마음이 들었다.

아이들이 학교를 마치고 응급실로 찾아왔다. 불안해하는 아이들을 남편이 안심시켰다. 그리고 혹시 아빠가 치료가 안 되어 천국에 가더라도 다시 만날 것을 약속하는 유언도 남겼다. 우리는 아무것도 실감 나지 않고 그 상황이 두렵기만 했다. 우리는 커튼을 치고 기도하는 시간을 가졌다. 시편 23편을 읽어 달라고 부탁하는 남편의 말에 딸이 울먹이며 말씀을 읽었다.

'여호와는 나의 목자시니 내게 부족함이 없으리로다. 내가 여호와의 집에 영원히 살리로다. 아멘.'

밤늦은 시간이 되어서야 겨우 입원실로 갈 수 있었다. 남편은 모세 뇌혈관이 목뒤에서 여러 개 터졌고, 그 출혈로 시신경이 차단되어 눈에 이상이 온 것이었다.

응급환자에겐 황금시간이 있다고 한다. 그 시간이 지나면 돌이킬 수 없는 장애를 입거나 죽을 수도 있다. 당시 우리가 살던 서울의 일원동 근처에는 삼성의료원이 있었다. 급히 응급실로 갈 수 있어 다행이었다. 또한, 불안하고 힘든 시간을 견딜 수 있게 하나님을 의지하는 믿음이 있다는 게 정말 감사했다.

'우리가 알거니와 하나님을 사랑하는 자 곧 그의 뜻대로 부르

너도 이와 같이 하라

심을 입은 자들에게는 모든 것이 합력하여 선을 이루느니라.'(롬 8:28)

용감한 무식쟁이, 삶을 리모델링하다

뇌혈관 조영술로 정밀검사를 하고 바로 시술을 하기 위해 아침 일찍부터 움직였다. 바짝 긴장한 나는 수술실로 들어가는 남편의 손을 잡고 태연한 듯 눈인사를 건넸다.

"잘 받고 나올게. 너무 걱정하지 말고 기도해 주시오."

남편은 담담하게 당부하고는 미소를 지으며 수술실로 들어갔다. 혈관 내 시술은 사타구니 동맥으로 관을 집어넣어 심장을 지나 동맥류까지 진입시킨 뒤 출혈된 부위를 막는 시술이었다. 머리를 여는 개두술을 하지 않아 그나마 다행이었다. 시술하는 동안 수술실 밖에 있던 나는 호흡을 몇 번이나 가다듬으며 기도했다.

시술이 성공적으로 끝나고 한숨을 돌리나 싶었다. 한데 시술 부위 동맥의 출혈이 안정될 때까지 환자는 8시간 동안 꼼짝하지 못한 채 가만히 있어야 했다. 움직일 수 없던 남편은 몸에 쥐가 나기도 하고 감각을 느낄 수 없는 고통을 겪었다. 두통이 오면서 머리를 감싸 쥐고 끙끙대는 소리에 옆에서 지켜보는 내가 숨이 막힐 지경이었다. 남편은 견디기 힘든 중에도 진통제를 맞지 않으려 했다. 염려되었는지 수간호사가 밤새 두 번이나 찾아왔다.

남편은 주님의 십자가 고난을 생각하며 자신도 주님의 그 고통을 조금이라도 동참하며 느껴 보겠다는 마음이라고 했다. 기도하며 견디는 남편 곁에서 안타까운 마음으로 지켜볼 수밖에 없었다. 고통의 밤을 보내고 아침이 되었다. 남편의 두통이 가라앉았다. 겨우 잠이 든 남편이 측은했다. 그래도 인내심 하나는 천하무적이구나 싶었다.

뇌출혈은 과도한 정신적 긴장, 스트레스, 과로 등이 원인이다. 우리가 소년원선교를 시작한 지 20년이 지나도록 남편은 거의 쉬질 못해 상당히 지쳐 있었다. 늘 재정적으로 쪼들리면서도 사역에 최선을 다 해온 상황이었다. 우리는 국내 소년원 12곳과 심사원 4곳에 교회를 설립했다. 소년원이 있는 곳이면 멀리 제주도까지, 전국에 안 다닌 곳이 없을 정도로 바쁜 시간을 보냈다. 또한 소년원 무의탁 출원생을 위한 공동체 생활관을 마련하고 양육했다. 공동체 생활관 겨자씨마을에선 적게는 10명에서 많게는 20명이 살았다. 주로 별난 남자애들과 생활하다 보니 항상 비상 상태였다. 얼마나 사고를 치던지 잠자다가 호출을 받고 수습하는 일들이 빈번했다.

남편은 몸이 크게 고장이 나기까지 여러 차례 신호를 보내왔으나, 건강을 돌볼 생각을 하지 못했다. 주의 일을 하면 내가 해야할 역할까지 주님께서 해 주실 것이라는 어리석음으로 무장한 우

너도 이와 같이 하라

리는 용감한 무식쟁이였다. 남편의 뇌출혈을 통해 하나님의 성전인 우리 몸을 아끼지 못한 죄를 깨닫게 했다. 생명의 위협을 받고 난 뒤 우리 부부는 건강관리를 시작했다.

뜻밖의 결과에 의사도 인정

남편은 14일간 입원했다. 선교회와 동역하던 성도들, 선후배 목사님들의 문병을 받았다. 그분들의 기도와 격려만으로도 감사한데, 병원비에 보태라며 봉투를 놓고 갔다. 환자 음식을 만들어 오시는 정성에 감사가 컸다. 의사는 어느 정도 안심할 수 있었는지 남편을 퇴원시키고 통원 치료를 받게 했다.

"3년 동안 치료해도 증세가 30% 이상 호전되기는 쉽지 않습니다."

퇴원하던 날, 담당의 말을 듣고는 살짝 절망이 됐다. 뇌출혈로 타격을 입은 남편의 상태는 그다지 좋은 편은 아니었다. 오른쪽의 눈동자가 약간 올라가 있고, 눈이 부셔서 늘 안대를 해야 했다. 일주일에 한 번 통원 치료를 받고, 처방해 준 약을 잘 챙겨 먹는 수밖에 없었다.

집에 온 남편은 편히 잠들지 못했다. 눕기만 하면 머리에서 쉬익 쉬익 소리가 난다며 앉은 채 잠을 청했다. 늘 예민해 있었다. 신경이 날카로워진 남편은 짜증을 자주 냈고, 나에게도 투정을 부리며 억지소리를 해 댔다. 이해는 되지만 간호하는 수고를 몰라주는 것 같아 섭섭한 마음이 들어 다투기도 했다. 조심하며 숨죽여 지내야 했던 나는 남편이 미웠다. 이래저래 속상하는 일이 많았다. 우리 마음이 상하면 마귀가 그 틈을 노려 죄 가운데 빠지게 한다는 말씀이 맞았다. 남편도 나도 감사를 잃어버리고 투덜대며 서로 참지 못했던 시간을 깨닫고 회개했다.

퇴원한 지 2개월 10일이 되던 날 병원에 갔다. 검사 후 뜻밖의 결과를 들을 수 있었다.

"김원균 님, 완치되셨습니다."

의사는 흥분된 소리로 말했다. 평소에 인사하면 눈만 한번 맞추고 컴퓨터 모니터만 보면서 몇 마디 당부하고는 '약 받아 가세요' 하던 분이었다. 그런데 신경학과 학회에 처음 있는 일이 일어났다며 환자보다 더 기뻐했다. 보통 뇌출혈 환자는 치료 기간도 길고 장애도 입는데, 남편의 증상은 달랐다.

"교수님, 우리 하나님께서 나를 더 쓰실 모양입니다."

"목사님 그런 것 같습니다. 그러지 않고는 이런 기적이 있을 수 없는데, 진심으로 축하드립니다."

우리는 의사의 입으로 인정한 하나님의 기적을 목도할 수 있었다. 6개월에 한 번씩 진료를 받으라는 말에도 기쁨을 감출 수가 없었다. 의학적으로 완전히 치료되었다는 의사의 말은 우리를 안심하게 했다. 육안으로는 눈의 초점이 맞지 않고 본인이 느끼는 불편함이 있지만, 남편은 장애를 입은 사람으로 보이지 않았다. 뇌출혈 환자가 멀쩡하게 치료되다니 사람들은 놀라워했다. 기적을 주신 하나님의 뜻이 어디에 있는지 알 수 없지만, 남편은 그분의 종으로서 더욱 순종하며 살 것을 다짐했다. 건강을 관리하는 데 눈을 돌리게 했고, 어디를 가든지 기회만 되면 이 일을 간증했다.

목사 아내로서의 깜냥

겨자씨교회는 겨자씨마을 아이들과 선교회 간사들이 모여 예배하는 교회로서 존재했다. 그러나 일반 교인들과 함께 신앙생활하는 것이 바람직한 것 같았다. 출석할 수 있는 교회를 찾았지만, 찾아간 교회마다 등록 거부를 경험하고는 실망이 되었다. 교회에서도 소년원 출신이라는 낙인을 찍고 함께하려고 하지 않았다.

1997년 안양 호계동에 건물을 얻었다. 우리끼리 겨자씨마을에서 드리던 예배를 일반교회로 모습을 갖추었다. 새벽기도회, 저녁기도회까지 매일 예배로 신앙심을 키웠다. 전도에도 힘썼다. 먼저 주일학교가 부흥되어 출석 인원이 30명에 가까워지자, 나는 선교에서 빠지고 주일학교에 힘을 쏟았다. 성도가 50여 명 가까이 출석하자 눈코 뜰 새 없이 바빠졌다. 소년원과 겨자씨마을과 겨자씨교회를 커버하기엔 많은 에너지가 소비되었다.

1998년 겨자씨선교회가 창립된 지 20주년을 맞이하면서 남편은 새로운 아이디어를 냈다. 20년 동안 선교에 앞장서서 일해 왔는데, 이제는 겨자씨교회를 부흥시켜 뒤에서 후원하는 것이 좋겠다고 전했다. 남편은 일반목회에 대한 그림을 그리고 꿈에 부풀어 있었다.

남편이 그 일로 기도원에 가겠다고 했지만, 주님의 뜻을 묻기보다는 자신의 뜻을 확정하고 보고하는 기도를 드리러 가는 것 같았다. 나는 이 일을 놓고 기도하러 가는 것이 마뜩잖아 머릿속에서 그 생각이 떠나지 않았다.

"당신이 소년원선교를 결정할 때 하나님께서 꿈으로, 환상으로, 말씀으로 보여 주셨죠? 그러면 그만둘 때도 하나님께서 사인을 주실 텐데 받으셨어요?"

기도원으로 떠나는 날, 아침 식사를 하는 중에 물었다. 남편은 숟가락을 들고 나를 빤히 쳐다보았다.

"아니."

잠시 뜸을 들이던 남편이 대꾸했다.

"기도 응답을 당신 통해 받네."

성령께서 역사하셨다. 내 입을 통해 말씀하셨고 남편은 바로 깨달았다. 그 후로 남편은 일반목회에 대한 미련을 갖지 않았다. 소년원선교에만 매진했다. 2023년 올해는 겨자씨선교회가 태어난 지 45주년이다. 우리는 조촐하게 기념 예배를 드리면서 감사

너도 이와 같이 하라

할 뿐이었다. 하나님께서 겨자씨선교회를 지금까지 이끌어 오셨듯이, 주님 재림하실 때까지 소년원선교를 감당해 나갈 것을 소망했다. 46년 동안 수많은 일이 일어났고 소년원선교를 중지할 뻔도 했는데, 배필로서 부족한 부분을 일깨워 줘서 고맙다는 말도 전했다.

순우리말에 깜냥이라는 말이 있다. 제 분수를 모른다는 은근한 질타로 부정적으로 많이 사용되고 있지만, 스스로 일을 헤아리거나, 헤아릴 수 있는 능력을 뜻한다. 나는 목사 아내로서 깜냥은 부족하다 느끼며 살아왔다. 그러나 하나님은 필요할 때 나를 깜냥으로 사용하셨다. 하나님은 당신의 뜻대로 이끌고 가신다.

스물여덟 번째에 멈췄다

정부의 일관적이지 않은 부동산 정책과 코로나19의 대유행이 겹치면서, 집값이 대폭 상승했다. 월세를 살던 우리 집으로선 걱정스러웠다. 현재 시세로는 너무나 싼값으로 살아서 집주인이 월세를 올려 달라 하면 어쩌나 은근히 염려됐다. 12년 전에 이 집으로 이사 올 때 집주인은 부족한 보증금 2천만 원을 선뜻 깎아 주었다. 선교회가 어려워서 우리 집 보증금을 이용했던 사정을 알아주니, 무척 감사했다. 집주인은 세를 놓은 후, 그동안 한 번도 월세를 올리지 않았다. 13년 동안 소소하게 고장 난 곳을 수리하고 대체해야 할 곳이 많았지만, 우리 선에서 다 해결하는 것으로 그 고마움을 대신했다.

그러나 비상사태가 올 수도 있었다. 월세를 올려 달라거나, 이사 가기를 바란다면 지금의 상황으로선 너무 무리가 될 것이다. '하나님 아버지 우리 이사 가야 하나요? 어디로 가죠?' 기도가 절로 나왔다. 이 집은 결혼 후 제일 오래 살고 있는 집이다. 만약을 위해서 대비해야 하는데 우리에겐 뾰족한 대책이 없었다.

나는 결혼한 후 28번이나 이사했다. 초창기 때는 남편이 너무 열심히 교회 일을 한 것이 오히려 탈이 되어 쫓겨나고 이사했다. 또 지방소년원 사역으로 이사하기도 했다. 어떤 집은 이사 간 첫날에 짐 정리를 끝내고 감사예배를 드리고 나니, 집주인이 종교가 맞지 않는다고 이사 가 주기를 부탁했다. 어떤 집은 집이 팔렸다고 다시 이사해야 할 상황이 생겼다. 이사 옮긴 지 2달 만에 쫓겨나 이사한 적도 있었다. 아이들이 주인댁과 함께 사용하는 마루에 장난감을 어질러 놓은 것이 이유였다. 자주 이사 다니는 것도 힘들었다. 생활비도 벌고 무상으로 살 수 있는 친척 집에 이사한 적도 있었다. 고3 학생 새벽밥과 10식구 빨래와 살림을 살아 주는 조건이었다. 그리고 겨자씨마을 때문에 네 번 이사했다. 시골에 마련한 겨자씨마을에서 아이들이 가출하는 경우가 종종 있었다. 가출을 막고자 시내에 있는 우리 집과 바꾸느라, 이사한 적도 있었다. 일 년에 4번씩 이사한 적도 있었다. 우리에게 경제적 여유가 없는 것이 문제였다. 나는 불평하지는 않았지만, 고되고 힘들었다. 하나님이 나를 단련시키는 훈련이라 여기고 견디었다. 이래저래 사연 많은 이사 때문에, 우리 아들과 딸도 수고가 많았다. 언젠가 딸에게 미안한 마음을 감추고 물었다.

"이사를 많이 다녔지만, 새로운 곳에 가서 사는 것이 저는 좋았어요. 제일 좋은 건 적응력인 것 같아요. 어디를 가든 쉽게 적응해서 힘들지 않았어요."

"엄마도 그러는데, 내 딸 맞구나."

우리는 깔깔대며 한참 웃었다.

코로나19가 종식되지 않고 지역 감염을 일으키던 고통스러운 시간이 지나갔다. 2021년 가을이었다. 어느 날 집주인에게서 전화가 걸려 왔다. 남편은 순간 가슴이 철렁했단다. 걱정했던 일이 터지는구나 추측하면서 전화를 받았다고.

"목사님 댁이 이사 오시면서 우리 집에 정말 좋은 일이 많이 생겼답니다. 모두 목사님 덕분입니다. 그래서 저희 부부가 의논했어요. 목사님이 사시는 날까지 월세를 안 올리고 집도 팔지 않기로요."

염려한 것과는 다른 소식에 놀랐다. 아무리 생각해도 뜻밖의 소식이었다. 이런 것이 기적이지 않을까 싶었다. 하나님께서 우리가 염려하며 걱정하는 마음을 아시고, 집주인의 마음을 움직이신 것이리라. 우리가 사는 동안 편하게 살 수 있게 배려해 주니 너무나 감사했다.

앞으로 이사할 걱정이 없으니 안심되었다. 천국 가는 그날까지 이 집에서 살면 좋겠다.

딱 한 명의 그 어른이 되고 싶다

서울소년원은 4개의 종파(기독교, 천주교, 불교, 원불교)가 교화에 나서고 있다. 요즘 소년원은 코로나 팬데믹 이전에 비해 출입하는 봉사자들에 대한 통제가 까다로워졌다. 예배를 진행하면서 선교사의 손길이 부족한 것에 늘 아쉬움을 느낀다. 출입하는 종교 지도위원의 숫자가 조금만 더 늘어나면 한결 수월할 것 같다. 반을 맡아 아이들을 챙기며 그리스도의 사랑을 전할 선교사의 자원은 나의 중요한 기도 제목 중 하나다.

코로나가 끝날 즈음인 2023년 4월부터 소년원 출입이 허락되었다. 예배가 시작되면서 반을 맡아 아이들을 챙기고 있다. 예배 후 반별 모임 시간이 되면, 목사님의 설교 말씀이 아이들의 기억에 스며들게 하고자 노력한다. 중요 포인트를 다시 짚고, 퀴즈 학습도 한다. 효과가 있었는지, 목사님이 질문하면 곧잘 대답한다. 아이들의 마음을 끌어내기 위해 이것저것 질문하고, 예의범절도

너도 이와 같이 하라

가르친다. 우리가 만나는 시간은 일주일에 한 번뿐이다. 짧지만 소중한 시간이기에, 아이 하나하나와 눈 맞추며 노력을 하고 있다. 그들이 예배실에 들어오면 반갑게 맞이하고, 예배가 끝나고 돌아갈 때면 아이들이 시야에서 사라질 때까지 손을 흔들며 배웅한다. 아이들도 좋아하는 눈치다. 내가 보이지 않을 때까지 뒷걸음을 치면서 손을 흔들어 답해 준다.

이곳 소년원엔 매달 출원하여 집으로 가는 아이들이 있고 또 신입생들이 들어온다. 어쩔 수 없이 서열이 생긴다. 힘을 과시하는 아이들을 견제하고자 얼마 전에 제비뽑기로 아이들 반을 바꿨었다.

"선생님 반에 있고 싶어요. 저를 뽑아 주세요."

우리 반 아이들이 딴 반에 가지 않으려 해서 은근히 기뻤다. '다른 반에 가면 배신 때리는 것입니다' 나에게 엄포를 놓기도 한다. 그 같은 결과가 출원할 날짜가 가까운 아이들을 위해 무엇을 어떻게 해 줄까 궁리하게 만든다.

인생에 있어 청소년기는 소중한 시기이다. 경험과 사고를 통해 스스로 '나는 누구이며, 장차 무엇을 하며 어떻게 살 것인가?' 등과 같은 질문을 통해 자신을 탐구하고 자신의 정체성을 지각한다. 사회심리학자 에릭슨은 청소년기의 주요 발달과업을 자아정체성 확립이라고 했다. 정체성의 형성 과정은 부모와의 관계가 중요하다. 안전하고 따뜻한 가정에서 충분히 보호받고 훈육받고 꿈을 꿀 수 있는 환경이 제공되어야 한다. 그러나 가정에서 보호받지 못한 소년들은 가출하고 어두운 거리를 배회하다가 범죄에 물들게 된다. 그러한 소년들이 나오지 않게 예방과 함께 바로잡아 주는 가장 확실한 방법은 건강한 가정의 회복이다. 그리고 국가와 사회기관이 나서서 우리 미래의 자산인 소년들이 올곧게 성장할 수 있도록, 다방면으로 도와줄 수 있어야 한다. 어쩌면 방황하는 소년들에겐 많은 것이 필요하지 않을지도 모른다. 그저 소년의 이야기를 들어 주고 진심으로 공감해 줄 수 있는, 제대로 된 어른이 딱 한 명만이라도 있다면 가출 소년은 현저히 줄어들 것이다.

심재광 판사도 《소년을 위한 재판》에서 말했다. 보다 많은 사람이 흔들리는 아이들 곁을 지키며 바른 심성을 키울 수 있게 도와준다면, 소년범죄는 많이 줄어들 것이라고.

나도 아이들을 위한 '제대로 된 딱 한 명의 어른'이 되고 싶다.

지속적 돌봄의 울타리가 필요하다

서울소년원 안에 세운 교회는 고봉소망교회다. 고봉소망교회의 역사도 어느덧 46년이 되었다. 정부의 특수한 기관 안에 있지만, 프로그램을 만들고 복음을 효과적으로 전하기 위해 애썼다.

너도 이와 같이 하라

코로나 팬데믹 전에는 매주 토요일과 주일예배가 있었다. 미술치료와 인성교육 일대일 멘토링을 목요일에 가졌다. 전교생을 대상으로 매달 생일잔치를 열었다. 또한, 매년 1월과 8월에는 신앙수련회를 개최하여 소년원생들의 영적 성장을 도왔다. 서울소년원에서는 코로나 사태가 나기 직전까지 인성교육의 일환으로 다양한 프로그램을 운영했다. 전문가들로 구성된 자원봉사자들이 항상 앞장섰다.

나는 2011년부터 집단 미술 상담을 인도했다. 1년을 3분기로 나누고, 3달 동안 매주 프로그램을 진행하면서 변화하는 아이들을 만날 수 있었다. 호기심 많은 소년들은 자신에 대해 깊이 알고자 했다.

"다른 사람들 앞에서 발표하는 것이 어려웠는데, 매주 작품을 발표하다 보니 두려움이 없어졌어요."

"내가 무엇을 좋아하는지 무엇을 잘하는지 조금 알게 됐어요."

"저는 꿈이 없었는데, 꿈이 생겼습니다."

"선생님들이 우리의 말을 잘 들어 주시고 따뜻하게 대해 주셔서 감동했어요."

프로그램이 끝난 뒤 아이들의 소감이다. 나는 그 말을 들으며 그냥 엄마가 된 것만 같았다. 아쉬운 것은 지속적 돌봄이 아니라 한시적 돌봄으로 그쳤다는 점이다. 아이들을 프로그램에 참여시키려면, 생활관에서 교육관 쪽으로 데려가야 하는데, 인솔하는 선생님이 부족하다 보니 반별로 참여시켰다. 중간에 참여 인원이 많이 바뀌었다. 새로 신입으로 들어온 아이, 교육을 다 마치고 사회로 출원하는 아이, 여러 사유로 바뀐다. 그러다 보니 12회기를 다 채우지 못하는 소년들이 많아서 안타까웠다.

또한 고참과 신참의 서열 문화가 걸림돌이었다. 나약한 아이에게 부당한 힘을 행사하지 않게 하려면 대상의 구별도 필요했다. 교정의 효과를 거두려면 아이들의 성품과 환경의 개선이 우선되어야 하지만, 늘 한계에 부딪혔다. 그러나 콩나물시루의 물은 이내 다 빠져나가 버리지만, 그래도 콩나물은 자라나듯 우리의 사역으로 하루가 다르게 성장하는 아이들을 볼 수 있었다.

한 소년이 올곧게 자라서 사회에 필요한 구성원으로 성장할 수 있게 돕는 노력은 값진 것이다. 범죄에 대한 선택은 책임이 따른다는 것을 철저하게 각인시키고 자존감을 높이는 언어 사용과 상처의 극복과 꿈을 키우기 위해 다양한 경험을 쌓을 수 있게 돕는 등의 후속 조치가 필요하다. 비록 통제된 환경에 처해 있지만, 아이들이 교육받는 동안에 변화가 일어난다면, 밝은 미래가 열릴 것이 분명하다.

또한 점심시간에 실시했던 멘토링은 겨자씨선교회에 속한 어머니회 회원들이 맡아 줬다. 그래서 상담과 코칭을 통해 어머니와 아들의 인연을 맺기도 한다. 가슴으로 낳은 아들을 위해 어머니들은 맛있는 음식을 준비하고 정성껏 상을 차렸다. 아이들은

너도 이와 같이 하라

별식을 먹는 기쁨이 있었고, 식탁에서 일상과 고민을 나누는 동안 가족 없는 허전함과 걱정을 털어 냈다. 그렇게 한 아이가 사회로 나가는 날까지 우리는 용납과 온화한 인내로 돌보고, 예수님의 사랑을 전했다.

"엄마, 건강하게 잘 지내시죠? 제가 운전해서 엄마 한번 뵈러 갈게요."

몇 년 전에 출원한 아이가 전화했다. 멘토링에서 만난 아이였다. 직장에 잘 다니고 있으며 신앙생활도 잘하고 있단다. 자동차를 샀으니 한번 만나러 오겠다는 전화였다. 아마 자랑하고 싶었던 모양이었다. 잘 살고 있는 것이 목사님과 엄마 덕분이라는 안부전화에 가슴이 따뜻해졌다.

청소년은 스펀지와 같다. 무엇이든 빠르게 흡수하는 능력이 있다. 변화하고 성장하는 속도 또한 빠르다. 원상복구도 빠르기에 갱생의 가능성이 크다. 특별히 신앙을 갖게 된 소년들은 회복 속도가 빨랐다. 죄의 늪에서 빠져나와 새사람으로 사는 소년들이 많기에 소망이 있다.

돌아갈 집과 사랑으로 반겨 주는 식구가 없을지라도 누군가 진심으로 걱정하고 괜찮다고 말해 줄 한 사람이 있다면 거리를 방황하는 아이들은 줄어들 것이다. 자아를 찾고 싶은 소년에게 멘토가 되어 주는 사람. 지속적인 지지와 돌봄으로 울타리가 되어 주는 사람. 그 사람이 바로 사회적 부모 역할을 감당하는 진정한 어른이 아닐까. 이 사회에 한 아이의 결핍을 채워 주고 그들의 말에 귀 기울여 줄 어른들이 많았으면 좋겠다.

"가난한 자와 옥에 갇힌 자를 돌봐 주는 것이 곧 내게 한 것이라"는 주님의 말씀이 우리의 심령을 두드려 주시기를.

완주패를 향해 달려간다

소년원선교 46년 세월이 흐르는 동안 소년원을 내 집같이 드나
든 우리 부부는 많은 일을 경험했다. 덕분에 우리도 깨달은 교훈이
크다. 사람의 능력을 믿고 행하는 인간의 방법이 아니라, 하나님의
방법대로 행할 때 사람들의 상식을 뛰어넘을 수 있음을 알게 했다.
결과는 하나님께 맡기고 최선을 다했을 때, 비록 시간은 오래 걸릴
지라도 튼실한 열매를 거둘 수 있게 했다. 그 여정에서 하나님이 우
리에게 맡긴 일을 수행할 수 있게 우리를 전적으로 책임져 주셨다.

나는 소년원선교 현장에서 오래 쓰임받을 줄 미처 몰랐다. 아직
목회 현장이 있어 열심히 일할 수 있다는 것이 삶에 활력을 제공해
주고 있는 것은 사실이다. 언제까지 소년원 아이들을 만나게 될지
가늠할 수 없지만, 하나님께서 맡기시면 언제라도 행하리라고 마

음을 다잡는다.

우리나라는 경제적으로 선진국 대열에 들어섰지만, 여전히 복지 사각지대가 존재한다. 가정이 해체되고 위기에 처한 사람들이 많은 것이 그 예다. 사각지대 가운데 보호소년을 꼽을 수 있는 건, 범죄소년이라 낙인찍고 사회가 외면하기 때문이다. 실제로 이 아이들을 바라보는 사회의 시선은 곱지 않다. 그러나 하나님은 그 영혼 한 사람 한 사람을 사랑하시고 구원하길 원하신다. 십자가 위의 예수께서 참회하는 강도를 구원하신 것처럼, 소년원생들을 불쌍히 여기신다. 변화되어 새사람으로 살기 원하신다. 하나님의 망원경으로 사각지대를 들여다볼 사람들을 찾으며 기다리셨을까. 때가 되매 남편을 지명하여 부르셨다. 남편은 소년원의 아이들을 그리스도의 품으로 인도하는 것을 하나님께서 맡기신 사명으로 믿고, 평생 달려온 사람이다. 남편의 일이 곧 나의 일임을 알고 나를 묶어 주셨다.

인간의 한계를 뛰어넘는 마라톤 42.195km를 완주할 때, 박수갈채가 쏟아진다. 꼴찌로 결승선에 도달해도 사람들은 열렬한 박수를 보낸다. 인내와 의지, 강한 훈련 없이는 달릴 수 없기에, 그 성취를 높이 사는 것이다. 요즘 마라톤 대회는 등수와 관계없이 완주하는 모든 선수에게 메달을 수여한다. 완주를 높이 사는 상이다.

오늘도 우리는 잃어버린 영혼을 찾아 나서는 마라톤을 하고 있다. 자랑스러운 완주패를 목에 걸기까지, 뛰기도 하고 걷기도 하면

너도 이와 같이 하라

서 달려갈 것이다.

그동안 겨자씨와 함께 동역했던 모든 후원자와 교회들에게 감사함을 전한다. 외딴섬 같은 소년원생들을 하나님의 사람으로 키우기 위해 계속해서 이 마라톤을 함께 뛰어 주기를 소망한다.

언젠가 주님 앞에 서는 날, 그날을 기대하고 있다. 세상에서는 보잘것없는 일 같지만, 잘했다 칭찬해 주실 것을 기쁨으로 바라고 있다.

이 글로 말미암아 오직 하나님만이 영광과 찬양을 받으시길 희망한다. 하나님께서 베푸신 은혜를 간증하면서 한편으로 우리가 자랑이 되고 박수를 받게 되지 않을까 조심스럽다. 하나님의 영광을 가로챈 도둑이 되는 우를 범하지 않기를 기도한다.

봉은희 작가의 북 코칭 교실에서 믿음의 사람들과 발표하고 토론하고 공감하고 감동을 나누면서 에너지를 많이 받았다. 봉은희 작가와 글쓰기 모임의 가족들에게 깊은 감사를 전한다.

2024. 10. 15. 우순애

겨자씨선교회

겨자씨 동산의 추억 앨범

양로원 위문품 전달

제1회 고봉 신앙수련회

너도 이와 같이 하라

56회 고봉신앙수련회

학생 세례식

겨자씨선교회창립 30주년 예배

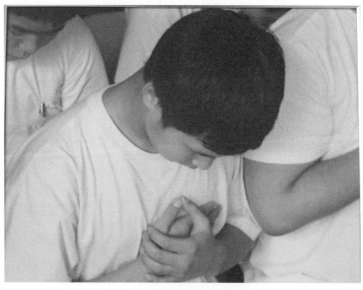

소년원 학생의 믿음기도

너도 이와 같이 하라

치유기도

신앙수련회 선교사 봉사자

청주소년원 1회 신앙수련회

전국보호소년 지도위원 임원

너도 이와 같이 하라

미술치료 작품전시회 및 다과회

분반시간-신입반에서

신앙수련회 간식시간

겨자씨어머니회 음식봉사

너도 이와 같이 하라

겨자씨마을 김장

겨자씨마을 갇혀지낸 아들 구출

겨자씨마을 아들 대학입학

겨자씨마을 수련회 및 여행

너도 이와 같이 하라

너도 이와 같이 하라

ⓒ 김원균 · 우순애, 2025

초판 1쇄 발행 2025년 1월 15일

지은이	김원균 · 우순애
펴낸이	이기봉
편집	좋은땅 편집팀
펴낸곳	도서출판 좋은땅
주소	서울특별시 마포구 양화로12길 26 지월드빌딩 (서교동 395-7)
전화	02)374-8616~7
팩스	02)374-8614
이메일	gworldbook@naver.com
홈페이지	www.g-world.co.kr

ISBN   979-11-388-3907-5 (03230)